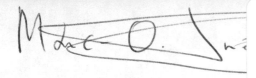

L'INDÉPENDANCE: OUI, MAIS...

LES EDITIONS QUINZE
Président: Pierre Turgeon
3465 Côte-des-Neiges, Montréal
Tél.: 933-6841

Distributeur exclusif pour le Canada:
LES MESSAGERIES INTERNATIONALES DU LIVRE INC.
4550 Hochelaga, Montréal, H1V 1C6

Distributeur exclusif pour l'Europe:
LIBRAIRIE HACHETTE
79 boul. Saint-Germain, Paris VIe (France)

Photo, maquette de la couverture
et conception graphique:
Jacques Robert

Gérard Bergeron
L'INDÉPENDANCE: OUI, MAIS...

PRÉFACE DE L'ÉDITEUR

Ironie de langage: les nouvelles vieillissent très vite. Elles se contredisent et s'annulent, semblant parfois n'obéir qu'au seul principe de surprendre le lecteur. Or l'étonnement provient de l'ignorance, et il faudrait approfondir un jour à quel point les informations empêchent de savoir. Pourtant publiés dans différents quotidiens et mensuels, les textes de Gérard Bergeron rassemblés dans ce livre produisent au contraire l'effet de toujours précéder l'événement, de le juger avec ce regard froid dont parlait Roger Vailland, qui ajoutait que "la peur ne résiste jamais à la raison".

Et en effet lutter contre la surprise, c'est également s'attaquer à l'atmosphère de crise et d'angoisse qu'elle engendre. Cela suppose une exploration minutieuse et désintéressée de tous les possibles. Bergeron sait que l'histoire ne se déroule pas de façon inéluctable: elle laisse heureusement une marge de liberté aux peuples et aux individus, à l'intérieur de laquelle il importe de faire un choix. En toute connaissance de cause, ainsi que l'affirme avec insistance notre auteur. Celui-ci se méfie donc avec raison de toute passion partisane qui prétendrait que tout est joué d'avance, à la fois au niveau du possible et du souhaitable. Cette obstination à voir clair, à demander des comptes même à la notion d'indépendance (à quel prix, dans quelles conditions, de quelle façon) me paraît indispensable surtout aujourd'hui où les idées ont tendance à s'échauffer. Car c'est la qualité que prendra notre souveraineté qui permettra à mes yeux de la justifier ou non. De 70 à 76, d'une crise à une autre, une pensée s'est exercée, dont l'unité ne dépend pas d'un carcan idéologique mais de la liberté qu'elle défend pour permettre une ouverture à l'histoire plutôt qu'un enfermement dans celle-ci.

Pierre Turgeon

AVANT-PROPOS

La publication d'articles épars comporte des risques. D'abord celui que le lecteur, qui connaît l'après, ne tienne pas compte des dates. En attendant les reconstitutions d'ambiance qui tiennent de l'artifice consenti, ces courts écrits à destination éphémère sont porteurs d'évocations immédiates: c'est peut-être une première justification, objective, de leur re-publication en un cadre plus strict.

La chronique, qui se refuse la facilité de se corriger après coup, est encore la première réaction écrite d'une pensée qui prend acte d'elle-même. Au guet de l'Evénement, l'observation même attentive ne prétend pas, comme l'article professionnel de presse, coller au fourmillement des événements quotidiens. La chronique a un sens plus distant de l'Actualité, qui ne relève toutefois pas de l'Histoire faute de suffisante longueur de temps. Doit-elle avouer d'autres excuses auprès des liseurs de livres, plus exigeants que les lecteurs de journaux et de magazines?

* * *

Ces chroniques sont discontinues. Ne sont rassemblées ici que celles qui ont paru garder un rapport étroit avec la situation créée par le 15 novembre 1976, désormais date magique. Il y a même une longue vacance de trois ans et demi: c'est que l'auteur était accaparé par autre chose.

Quand l'enseignant va prendre l'air de la place publique, en chroniqueur inévitablement "rapide", c'est aux dépens du chercheur dit "fondamental", en rupture pour un temps de la non moins nécessaire tour d'ivoire. Certain accord, tendu, avec soi-même, s'obtient au prix d'une mauvaise conscience alternative: soit celle du chercheur, soit celle du chroniqueur-citoyen. Cela peut aussi s'entendre comme une bonne conscience, également alternative.

Au fait, cette confidence n'a pas plus d'importance que de dire en passant, à des amis qui s'en étonnent parfois, le pourquoi de ces rentrées-sorties depuis vingt ans. C'est tout.

1

LA POLITIQUE AU QUÉBEC
DANS LES ANNÉES 1960 (*)

Avertissement au lecteur: Dans les limites de ce court article, il faudra équarrir sans générosité pour mon sujet comme sans rémission pour moi.

"Les révolutions font perdre beaucoup de temps"
(Henry de Montherlant)

Dix ans, automne 1959... C'était, hier, les Cent Jours de Sauvé; non pas l'Espoir, mais le processus très prosaïque de la quotidienne *dé-pression* — "Désormais ça se passera ainsi..." — après la longue compression de 15 ans de duplessisme. Un essai prospectif aurait alors conclu à l'inévitabilité de l'amélioration, sinon du progrès. Les choses étant ce qu'elles étaient, ou plutôt les choses qui auraient dû être depuis longtemps n'ayant pas été, toute politique active et non déraisonnable allait paraître progressive.

Rebondissements style "happening"

Dix ans plus tard, je crains qu'il faille dire que tout risque de se détériorer. Le rideau d'ombre s'était levé en

---

(*) Texte publié dans le numéro spécial de *Relations* (décembre 1969), "Québec: Bilan 1960-1969 — Projet 1970-1979". Les sous-titres sont de la rédaction de *Relations*.

deux temps: la politique positive du "Désormais", fin 1959, puis, la prise du pouvoir du "Faut que ça change", le 22 juin 1960. Et ce sera relativement clair, sinon positif en tout, pendant la première moitié de la décennie; après le tournant de 1965, des poches d'ombre de plus en plus nombreuses tacheront le décor jusqu'à rendre confuses les actions dont l'enchaînement tiendra plus du *happening* que du scénario ou du livret. Trop court, le programme libéral était épuisé, ou édulcoré — ce qui est une forme d'épuisement. Il se passe encore des choses, mais non plus cette Chose, rassurante en son ambiguïté même, qu'on avait appelé *"Quiet revolution* — révolution tranquille". Confusions, tâtonnements, rebondissements sans relance, il n'est plus aujourd'hui personne pour conditionner l'Evénement en *le faisant:* tout le monde est conditionné, c'est-à-dire ballotté.

Ce n'est plus une recherche active *pour trouver,* c'est une *latence* d'attentisme affairé comme pour "occuper le temps", sans que personne ne soit sûr de "gagner du temps". A mesure qu'on dévale le second versant de la décennie, on sent qu'on s'en va quelque part, mais personne ne sait où. Nos politiciens, à force d'avoir le nez sur les choses, ne les voient plus du tout. La "révolution tranquille" n'a jamais eu d'autre principe d'unité que d'être justement une contestation effective du passé. Ce qui la remplace apparaît comme juxtaposition de contestations cahoteuses et avec hiatus, allant en tout sens parce que sans objet unique. Le fil d'intelligibilité ne pourrait être que la ligne des préférences de celui qui parle ou écrit.

La ronde folle des révolutions manquées

La décennie 1950-1960 avait été celle de la *"révolution" désirable,* demandée et non attendue, mais seulement dans les esprits. Duplessis régnait sans gouverner, décrétait sans légiférer, exécutait sans administrer. La génération qui prendra les pouvoirs après 1960 avait fait ses classes de critique sociale dans la nécessaire "impatience" personnelle des 10 ou 15 années précédentes.

Par contraste, la décennie 1940-1950 apparaîtra comme celle de la *"révolution" ajournée*, parce que non ou pas encore nécessaire, davantage impensée qu'impensable. La guerre, "l'effort de guerre", la prospérité économique en partie factice mais galopante, la crise de la conscription atténuée et tôt oubliée grâce au paternalisme de Saint-Laurent, la reconversion d'une économie de guerre en économie de paix prolongeant une prospérité à laquelle on participait goulûment, l'industrialisation et l'organisation accélérées en même temps que l'instauration en pièces détachées du Welfare State: tout cela, propulsant des espoirs et déplaçant des problèmes, portait le Québec en de vastes mouvements sans qu'il eût le temps de souffler, ni la pensée de se déterminer. Saint-Laurent à Ottawa, Duplessis à Québec: nous étions dans l'ère sécuritaire du double protectorat. Gagnant sur l'un et l'autre plan, nous perdions aussi quelque chose d'encore indéterminé sur les deux. Les escarmouches fédérales-provinciales n'émouvaient que la poignée des Québécois de la tradition constitution-naliste.

Ils étaient gamins ou grands adolescents pendant la grise décennie de 1930-1940 ceux qui sont aux différents pouvoirs aujourd'hui. Ils ne gardent de cette époque que le souvenir de la *"révolution" trahie* de Duplessis en 1936. "Trahison" qui se prolongera en un interminable second règne de 16 ans. Pour attendue qu'elle ait été, cette seconde "trahison" les aura plus traumatisés que la première n'aura marqué leurs aînés.

Une "révolution" *trahie*, la suivante *ajournée*, une troisième *désirable*, une quatrième *tranquille* qui s'achève, le Québécois d'aujourd'hui, en sa belle maturité, ne s'y reconnaît pas aisément dans les substrats "révolutionnaires" de sa psychologie politique. C'est un hésitant qui voudrait donner le change de son hésitation. Le plus inhibitif des complexes, c'est d'exagérer la complexité. La vérité, c'est que le Québécois n'a jamais été révolutionnaire. C'est un "révolutionnaire" entre guillemets, qui entretient la nostalgie très confuse des révolutions politiques qui ne se firent pas au siècle dernier, des révolutions technologiques et industrielles, éducationnelles et culturelles qu'il rattrape comme il peut en ce siècle mais avec quel retard et à quels coûts! En attendant, il est poussé dans le dos par les "fils de la prospérité", piaffants, contestants, parfois écorchants... Et, comme il commençait à se sentir moins désorienté dans l'espace, notre Québécois se retrouve encore plus déphasé dans le temps. Un jet de yoyo à la verticale, un jet de yoyo à l'horizontale: cela peut faire beaucoup de mouvements avec retours, mais pas nécessairement un mouvement d'ensemble. Le Québécois a mal à sa *québécitude*. Il s'y perd en se retrouvant.

**La "révolution", qui n'en était pas une, que
"tranquille" on appellera**

La "québécitude" des "Québécois"

S'il fallait d'un mot résumer sa signification profonde, c'est ce bizarre mot de "québécitude" que j'emploierais (1). Nous sommes tous devenus "des Québécois". Un parti politique nouveau en brandit l'épithète comme une marque d'identité avant que d'être un titre de gloire. "Canadiens", ou même "Québécois francophones" a la froideur d'une catégorie statistique. Le Canada français ou le canadien-français — même avec le trait d'union —

---

(1) On dit encore "québécité", ce qui est d'une tonalité plus neutre... (note de l'auteur, décembre 1976).

revêt une ambiguïté dont les plus intransigeants des Québécois prétendent que nous en crevons! Les Québécois se sont d'abord aperçus qu'ils étaient propriétaires d'un Etat, d'un "demi-Etat" parce que fédéré, disent ces intransigeants qui veulent lui conférer la plénitude avant de l'associer à part égale selon un mode paritaire. C'est Jean Lesage et Daniel Johnson qui ont popularisé l'expression "Etat du Québec", et non Pierre Bourgault, ou René Lévesque. Tous les problèmes n'avaient pas la dimension Québec, mais il devait pouvoir se trouver une "solution-Québec" à la plupart et aux plus importants d'entre eux. S'ensuivit un processus de politisation effrénée... "Québec (ne) *sait* (pas tout) *faire*" en politique, ne serait-ce que parce qu'il n'est pas seul: il y a des "à côté" et surtout un "au-dessus". Québec s'affirme en soi et pour soi, mais politiquement c'est surtout en se dressant contre l'autre capitale. S'ensuivit une dialectique nouvelle de l'Autre, de l'Extérieur, qui *se parle*, à la limite tôt atteinte par la nouvelle horde des "jeunes loups", comme la dialectique du Maître et de l'esclave...

Cela se produisit alors que quatre gouvernements minoritaires sortirent de six consultations fédérales, que les Québécois eurent le sentiment d'être soudain orphelins à Ottawa entre le départ de Saint-Laurent et l'arrivée des "trois colombes". L'une d'elles effectue encore un vol vertigineux en faisant crisser ses serres... Sous Bertrand comme sous Johnson et Lesage, le contentieux fédéral-provincial exaspère à point nommé cette "québécitude" politique. Cela va des prosaïques trafics de gros sous aux escarmouches de prestige autour des "compétences internationales du Québec". Les circonstances historiques ont fait qu'un fédéralisme bâtard, équivoque et boiteux a pu se perpétuer: à cause de cette pérennité, manque l'impact d'un besoin mutuellement ressenti pour une revitalisation radicale et hâtive. Le dossier du contentieux fédéral-provincial n'est pas prêt de se refermer... Québec et Ottawa peuvent-ils mener encore longtemps cette vie d'ennemis complémentaires? Ou l'accumulation des heurts voile-t-elle, pour un temps encore indéfini, l'affrontement décisif?

L'Union nationale n'a guère à rappeler sa "québécitude" d'origine et de tradition continue. Les plus durs coups portés à Ottawa le furent par les libéraux de Lesage contre ceux de Pearson, et les uns et les autres se virent forcés de se *dés-affilier* aux niveaux supérieurs des structures d'organisation de leurs partis respectifs. Pendant que le "Parti *québécois*" procède à un inventaire de ses ressources et de ses idées, les plus québécois des parlementaires que nous avons envoyés à Ottawa, les créditistes sans "caouettisme" si nécessaire, *rappliquent* à Québec pour *québéquiser* complètement les prochaines manoeuvres électorales du printemps. Comme jamais dans le passé, nous allons être terriblement "entre nous" !

Les révélations d'un atterrissage forcé

Sur le plan politique, le Québec débloqua entre 1959-1962, décolla entre 1962-1964, fut pendant deux ans en butte à des perturbations atmosphériques jusqu'au bête atterrissage forcé du 5 juin 1966. Depuis lors, pour prolonger la métaphore météorologique, il faut dire qu'on vole dans le brouillard sans pouvoir discerner un cap précis. Si tout un chacun y va bien de son petit radar préféré, les directions proposées n'ont pas plus de netteté que sur les boussoles grossières qu'on offre comme jouets aux enfants.

La "révolution tranquille" n'avait été qu'une brusque mutation imposée par les circonstances — ce qui n'enlève aucun mérite à ses protagonistes qui durent, pour ainsi dire, l'arracher à la force des poignets! C'était le point d'où nous partions qui donnait en grande partie l'illusion d'une promotion si accélérée. Mais, mutation ou promotion accélérée, elle n'avait encore une fois rien de "révolutionnaire", non plus que rien de "tranquille", ne serait-ce que pour nous avoir donné goût au mouvement. Que peut être la suite d'une "révolution tranquille" ? — "Une révolution post-tranquille" —. L'expression, après tout, ne serait pas plus ridicule que celles de "société post-industrielle" ou "post-moderne" dont les sociologues font la théorie ou annoncent l'avènement. La "révolution post-tranquille" prend de plus en plus l'allure d'évolutions plutôt tapageuses.

"Finies les folies!" — Plus d'un Québécois a déjà répondu: "Elles ne font que commencer!"

Nous aurons les conséquences

Car il y en aura. On ne prévient pas des conséquences qu'on ignore. Il faudrait pouvoir *préparer* des conséquences pas trop maléfiques en n'accumulant pas trop d'erreurs. Seulement, les bêtises des uns sont la sagesse des autres...

La nouvelle question ultime

L'épanouissement naturel de la québécitude c'est l'indépendance. Elle n'est pas "irréversible", comme s'en gargarisent trop aisément ceux qui trouvent dans ce dépassement collectif leur "confort intellectuel" (ou psychique); mais, inscrite dans "la nature des choses", longtemps impensable, non pensée, elle est maintenant pensable, sinon encore très pensée. La question majeure n'est désormais plus: *pour ou contre* l'indépendance? Le temps n'est plus aux *critiques* des thèses du fédéralisme renouvelé ou de l'indépendance arrachée. Ni même au calcul des coûts comparatifs d'une réinsertion dans un fédéralisme à renouveler "à un moment où les Canadiens français n'ont jamais été aussi forts à Ottawa", avec ceux de l'aventure à courir d'un Québec indépendant, se réveillant enfin d'une léthargie deux fois séculaire. Ce ne sont pas là des "questions dépassées". Elles restent des questions préalables, mais qu'on n'aura peut-être plus, bientôt, le temps de se poser. Il faudrait une faculté de surobjectivité pour y répondre en leur globalité. Personne ne l'a, cette espèce de sur-faculté. Quelqu'un l'aurait-il, qui la lui reconnaîtrait?

La question essentielle n'est maintenant plus le *Quoi* (où, vers quoi allons-nous?), mais le *Comment* (comment ça va se passer?). "Nous aurons les conséquences", même si c'est surtout "à cause des autres" que ça se passe mal. L'inquiétude visible qui s'exprime chez les Québécois, à la fin de 1969, provient de l'indétermination du *Quoi*. L'angoisse profonde qui ne s'exprime pas, du moins pas encore, loge au niveau du subconscient collectif: *"Comment ça va se passer?..."* Si ça se passe mal, les aspects les plus bénéfiques du *Quoi* risquent d'être annulés pour au moins une génération: nous aurons les conséquences. Au premier chef, les conséquences économiques, mais ce ne sont pas les seules...

Il va se passer quelque chose. *Quoi?* On ne le voit pas encore très bien. *Comment?* On ne le sait pas du tout. C'est pourtant la nouvelle question ultime.

Nouveau Congo ou nouveau Biafra?

J'ai déjà traité ailleurs de la "dialectique des deux fatigues" (2): celle des Canadiens anglophones "fatigués" de nous, et la nôtre, à nous qui sommes "fatigués" d'eux. Contrôlée, sans escalade de violence tragique, cette dialectique pourrait mener à une évolution où "ça ne se passerait pas trop mal". Un incident isolé, de presque rien

---

(2) *Le Canada français: Après deux siècles de patience*, Paris, Ed. Seuil, 1967, p. 258.

du tout à l'échelle globale, peut la transformer en une dialectique de l'exaspération et de la provocation jusqu'à celle de la répression. Dieu nous garde de ces visions de *congolisation* du Canada et de *biafrarisation* du Québec! Cette "dialectique" va être sous la dépendance d'une autre, plus décisive dans les dix prochaines années. C'est la dialectique des deux inquiétudes québécoises: celles des "sécuristes à court terme" (nos fédéralistes québécois) et des "sécuristes à long terme" (nos indépendantistes) (3). Mais dans le "court terme", ce sont ces derniers qui marquent des progrès. Cela va-t-il durer? Y aura-t-il, à point nommé, d'autres bourdes du style du "Bill 63" pour polariser le grand réservoir des contestations potentielles?

Un réalignement clarificateur

Le P.Q. qui a fourni un lieu, un programme et une tête politique à ces "sécuristes à long terme", aura-t-il le souffle pour tenir et amplifier la cadence devant un jour se précipiter en rupture? La coalition partisane (Libéraux, Union nationale) s'opéra-t-elle pour endiguer la marée qui s'annonce, mais qui ne monte pas encore? Ou cette espèce d'attraction suicidaire, que subissent à tour de rôle les deux "vieux partis", en viendra-t-elle à faire disparaître celui qui est de trop? Au fait, lequel? On peut du moins enregistrer ce phénomène important: la ligne de clivage des opinions en des matières fondamentales ne passera plus à l'intérieur de nos partis, mais entre les partis. Ce réalignement clarificateur est déjà commencé. René Lévesque doit appuyer sur l'accélérateur de la souveraineté, sans enlever complètement le frein à main de l'association (à laquelle il pense constamment à cause des exigences du

_____
(3) *Du Duplessisme au Johnsonisme*, Montréal, Editions Parti pris, 1967, p. 368.

Comment). C'est un dur régime pour un moteur: "Il y a du tigre là-dedans!" Quel que soit le destin personnel de cet homme, la ligne démocratique et "civilisée" que, à son corps défendant, il impose à ses troupes, commande le respect que n'annulent pas ses incartades verbales par-ci par-là.

Cacophonie d'un dialogue de sourds

La "prise de la parole" (et de la rue) d'un segment important des jeunes Québécois nous aura permis d'assister au plus cacophonique dialogue de sourds de notre histoire. *On se parle*, à des niveaux parallèles, mais qui ne pourront feindre encore bien longtemps de s'ignorer somptueusement. Car la dialectique des deux inquiétudes est maintenant bien engagée depuis la navrante affaire du "Bill 63". Elle va conditionner la dialectique des deux fatigues et la propulser, du moins en sa branche québécoise. "A force d'em... les Canadiens anglophones, ils finiront bien par nous laisser partir!" Mais, pas plus que l'indépendance est irréversible, ce *Comment* est fatal. Il faudrait penser par avance un *Comment* bien moins favorable pour avoir la chance d'en sortir tout juste après le point de *No Return*.

Le lièvre et la tortue

La Canadianité fut lente, trop lente, va encore au pas de la tortue. La québécitude va plus vite, mais en plusieurs directions, au trot sautillant du lièvre. Dans la fable, la tortue arrive la première au poteau. Ce dont les Québécois ont besoin, ce n'est pas tellement de reprendre le rythme de la "révolution tranquille", d'en accélérer le tempo, c'est de re-préciser les deux directions claires. Les prochaines élections auront une portée de référendum.

En conclusion

Les circonstances vont nous entraîner à nous expliquer entre Québécois, avant de forcer l'explication avec le reste du Canada. On ne peut pas être "clair" en tout et à toutes étapes. Mais il arrive un moment où on n'a plus le choix de ne l'être pas. Dans la décennie passée, nous avons assez dit qui nous sommes; dans la prochaine, nous aurons à dire ce que nous voulons pour devenir ce que nous prétendrons être.

De retour d'un exil volontaire de 15 ans en Angleterre, Mordecai Richler écrit: *"Canada, remember, isn't where the action is, it's where it reverberates"*. Mais il est des réverbérations aveuglantes! La *réverbération* québécoise sera la partie décisive de l'*action* canadienne dans les années 1970...

Première partie

APRÈS LA RÉVOLUTION TRANQUILLE

2

RÉFLEXIONS SUR LES VIOLENCES (*)

La *violence* physique, brute et directe n'exige pas, pour en parler, l'encadrement des guillemets. Elle appelle d'ailleurs la *contre-violence*, aussi bête qu'elle-même. Quand la violence se déchaîne de façon encore plus superflue que gratuite, la contre-violence a beau jeu de s'affirmer encore plus nécessaire qu'intéressée...

Mais il est aussi des "violences" morales et analogiques (d'où les guillemets), initiales et même causales (c'est pourquoi je dois parler d'elles d'abord).

La "violence" de la bêtise pommée en politique

"Sire, c'est pire qu'une faute. C'est une erreur." Monsieur le premier ministre, c'est pire qu'une erreur. C'est une bêtise pommée. Je veux dire que l'intention, le contenu et l'effectivité du projet de loi 63 n'étaient *pas la question* dès lors que cette mesure législative n'était pas nécessaire; qu'à supposer qu'elle s'impose un jour il aurait fallu la proposer en un autre moment et *après* ou, tout au moins, *avec* d'autres mesures où elle aurait pris son importance relative.

Fin octobre 1969, dormait dans nos collèges et universités un réservoir de contestation concentrée, mais sans objet. Vous lui avez donné cet *objet*. Les contestataires y ont mordu goulûment. Les griffes poussent aux lionceaux. Il n'est pas indiqué de les taquiner parce qu'ils

---

(*) Texte d'un commentaire demandé par la direction de *Québec-Presse* lors de l'affaire du *Bill 63* à l'automne de 1969. Il fut publié dans cet hebdomadaire le 9 novembre 1969.

sont en cage. Surtout s'ils ont les moyens d'ouvrir les portes de la cage.

Vous avez raté une belle occasion de ne rien faire. La Commission Gendron vous permettait d'attendre, de justifier les nécessaires délais. Or, vous la court-circuitez par un projet de législation, partielle et intempestive, qui avait dans le contexte une allure (fausse) de provocation.

On ne calme pas une inquiétude en prenant le risque d'exaspérer une autre inquiétude, complémentaire à la première. L'inquiétude à court terme des "parlant anglais" pouvait être calmée par votre inaction même, puisqu'ils sont en situation privilégiée et, à certains égards, dominante — et que c'est de là que vient tout le mal! Mais c'est l'inquiétude à long terme des "parlant français" qui avait les moyens de s'exprimer massivement à court terme. Ce problème global exigera un train de législations articulées et bien motivées pour rassurer en même temps les deux inquiétudes. La situation vous imposait le devoir de décréter un *moratoire*. Vous voilà acculé à un *ultimatum* dont l'intransigeance même vient encore compliquer une situation qui était jusque-là suffisamment complexe.

Le Quand et le Comment sont parfois plus décisifs en politique que le Quoi. Le naufrage du "Bill 85" et *l'accueil* fait aux travaux de la Commission Gendron vous informaient suffisamment de Quoi il s'agissait.

La "violence" de l'exagération verbale

Nous sommes latins. Nous amplifions les choses. Nous exagérons dans l'usage des mots pour qualifier les choses. C'est de la pire inflation verbale que de parler de "trahison" à tout propos, de débusquer les "traîtres" à Ottawa puis maintenant à Québec, de les envoyer "au poteau", de soutenir que le "Bill 63, c'est la mort du français au Québec", pour ne pas rappeler certaines grossièretés joualisantes! L'ennui c'est que les mots ont une charge qui porte, jusqu'au moment où un usage échevelé les aura totalement désamorcés. Si nous avons jamais de vrais "traîtres" à Ottawa ou à Québec, comment les appellerons-nous? Si quelque chose — qui devra être plus dangereux qu'un projet de loi — est susceptible de *tuer* le français au Québec, comment le désignera-t-on?

Je n'ai jamais pu faire un choix du pire entre la propagande bête et la contre-propagande archi-bête. En des matières explosives, le manque d'information nécessaire appelle la manipulation amplifiante. Et le problème reste entier: *l'absurdité objective de la situation linguistique au Québec et singulièrement dans l'île de Montréal.* Ce n'est pas par des "solutions" en pièces détachées qu'on la résoudra. Ce n'est pas, non plus, en maniant de grotesques épouvantails qu'on arrachera au Québec l'habitude de marcher sur la tête au point de vue linguistique. Porte toujours mieux l'indignation qui sait garder certain sens des proportions.

La violence sans guillemets

L'ennui avec elle c'est qu'elle entraîne la contre-violence du plus fort, et, surtout, *qu'elle ne fait pas peur à qui il faudrait.* L'attaque du Parlement par les lanceurs de cocktails Molotov prépare les Québécois à trouver des mérites à l' "Etat policier". M. Wagner pouvait-il choisir meilleur jour pour lancer sa campagne? Quand le policier peut faire la prédication du prophète...

Les manifestations de rue, les *teach-in* et *sit-in*, les défilés tiennent de la célébration, de la fête collective, du congé inattendu, du *happening.* Qu'on les aime ou pas, ils remplissent un nécessaire rôle politique qui ne pourrait être rempli autrement. Il ne faut surtout pas les faire de telle façon qu'ils soient réprimés par avance. Que ce soit par fanatisme ou pour le *kick*, par masochisme pour la Cause ou pour se faire la main, les assaillants de "la porte du Sauvage" ont saboté la manifestation impressionnante du Parlement le soir de l'Hallowe'en.

"Si vous voulez commencer la guerre civile, allez chercher mille fusils et dix chars blindés, puis revenez", leur a dit en vain M. Raymond Lemieux. Quand on lance les premiers pétards, il faut être les plus forts et avoir quelque chance de tenir les derniers. Or, comme personne ne voulait faire un putsch... La discipline et l'enthousiasme des manifestants étaient admirables; la police, qui commence à montrer qu'elle est éducable, était correcte. Pourquoi avoir gâché une belle nuit?

Car je n'oublie pas ce qui doit émerger de ces événements:

1. La question cruciale de la langue est désormais posée au Québec et *entre nous*. Enfin!...

2. Ce serait à désespérer d'un peuple si sa jeunesse étudiante n'était pas à la pointe de l'inquiétude et de la contestation.

3. Si on ne doit pas faire joujou avec la violence, les gouvernements, mieux placés que quiconque pour savoir, doivent les premiers donner l'exemple en ne *faisant pas violence* par des bêtises pommées.

3

DE TRUDEAU EN BOURASSA, OU DE BOURASSA EN TRUDEAU? (*)

... Les deux. Se contenter de *lorgner* Trudeau parce qu'il est plus loin et qu'il y est depuis plus longtemps constituerait une première erreur d'optique. S'imposer de *regarder* Bourassa parce qu'il vient d'arriver et qu'il nous est plus près en serait une seconde. Ne pas tomber dans le jeu faussant du *vedettariat:* la dernière vedette qui chasse l'autre... Les regarder l'un et l'autre pour avoir la chance de les voir l'un par rapport à l'autre.

Bourassa, à peine installé dans son pouvoir neuf de quelques mois, suscite la curiosité. Après avoir mis son gouvernement en place, il n'a guère eu que le temps d'exécuter les affaires pressantes dont le vote du budget, le lancement du programme d'assurance-santé (et la dure négociation avec les médecins). Dont, aussi, la compression des postes budgétaires, où se manifestait la propension aux dépenses somptuaires de ces messieurs de l'Union nationale comme s'ils en pressentaient le déclin prématuré. Ce gouvernement-là n'est pas encore parti. Il n'a eu le temps que de s'y préparer. Vers où et comment? Nous le saurons avant plusieurs lunes.

Trudeau a eu plus de temps: deux ans et demi déjà qu'il gouverne, *règne* selon Stanfield, ou *préside* selon Douglas Fisher. Il a eu plus de chance de se faire valoir. En a-t-il profité? Le temps qui lui reste compte double de celui qui s'est écoulé depuis juin 1968. Sa mythologie, qui peut encore porter une partie de l'ambiguïté de son succès trop éclatant, a commencé à se décanter. Il a dépassé la mi-temps de l'échéance.

(*) *Le Magazine Maclean*, octobre 1970.

Nous, Québécois, sommes entrés sans trop en avoir pris conscience, dans une nouvelle ère du *double protectorat*, la précédente ayant été celle de Saint-Laurent et Duplessis, entre 1948 et 1957. Les problèmes pressants aux deux niveaux ne sont pas moindres qu'alors. Ils seraient plutôt amplifiés, mais laissent moins de champ à l'inconnu. Nos gouvernants d'aujourd'hui sont moins inhibés par la méconnaissance de la nature des problèmes qui les confrontent que par la conscience de l'insuffisance de leurs moyens pour les résoudre. Ce qui incite à un nouveau réalisme dont l'humilité n'est pas absente.

Fait capital: Bourassa ne tient pas son pouvoir d'Ottawa. Il se trouve en force par comparaison avec ses trois prédécesseurs. Godbout lors de l'élection précipitée par Duplessis en 1939, Lapalme lors de la convention de 1950, Lesage dans les négociations pré-conventionnelles de 1958 furent tous oints par la sainte huile fédérale avant d'être investis par leurs partisans provinciaux. Godbout *paya* pour cette onction en 1948, Lapalme *paya* en 1952 et 1956. Mais il fallait les pouvoirs de maléfices d'un grand prêtre de la religion opposée, un Duplessis puisqu'il faut l'appeler par son nom, pour décréter efficacement que c'était une tare. Duplessis mort, Lesage brisa la tradition avec fracas. On n'eut jamais un premier ministre à l'autonomisme plus conséquent, agressif et tenace jusqu'à la hargne. On n'avait pas vu cela depuis... Honoré Mercier, il y a presque un siècle! C'était d'autant plus notable que Lesage, produit du caravansérail d'Ottawa, avait une fiche de *compromissions* fédérales autrement plus lourde que celles de Godbout et Lapalme. Davantage: ces rudes victoires fiscalo-constitutionnelles furent arrachées à Pearson, le premier grand patron de Lesage qui en avait été le secrétaire parlementaire.

Ce ne fut pas par sa seule aptitude à prendre le vent nouveau que Lesage opéra son spectaculaire tête-à-queue. La fonction nouvelle recrée l'homme, aussi sincère dans ses récentes convictions. Certain jour de juillet 1964, Lesage officia à la cérémonie de "dés-affiliation" des libéraux provinciaux des libéraux fédéraux. En quarante-cinq minutes, sans l'ombre d'un regret... Lesage a inauguré l'ère où, la politique du Québec devenant enfin quelque chose, un parti libéral provincial cessera de payer la note du succès de la politique libérale fédérale comme sous King et Saint-Laurent. Le même personnel politique se dédouble en grande partie aux deux niveaux, mais les deux plans restent distincts. Il n'y a plus de "trahison" à n'être pas libéral à Ottawa si on l'est à Québec. Toutes les questions et tout le monde s'en portent mieux: c'est par ses erreurs que Lesage se battit en 1966, défaite qui n'entama pas les chances québécoises de Trudeau en 1968.

Bourassa bénéficie de ces nouvelles règles du jeu. Il y ajoute ses propres avantages. Bien sûr qu'il était le candidat préféré des fédéraux devant Laporte et Wagner; et que la "gang à Marchand" se joignit à la "gang à Lesage" pour lui assurer une élection aussi décisive dès le premier tour de la convention de leadership, mais ce n'était qu'un appoint dont il eût pu se passer (ainsi que de leur finance). On a pu constater encore que l'aide électorale la plus efficace que pouvaient fournir les libéraux fédéraux à leurs homologues provinciaux était de "faire les morts". Et pourtant, ce qu'ils l'ont eu la démangeaison (1) d'intervenir devant la montée du séparatisme, devant la nécessité de régler son compte à René Lévesque "pendant qu'il en est encore temps" ! Bourassa est dans la position de force d'avoir cumulé en quelques mois deux victoires éclatantes, les siennes. A lui de jouer.

Il est au début d'une génération, celle qui prend le pouvoir ou s'apprête à le faire un peu partout. Lesage

---

(1) Quelques-uns se grattèrent toutefois: l'exode des camions Brinks, la lettre des courtiers Lafferty et Harwood, le numéro de l'organe libéral fédéral sur la rentabilité pour le Québec de la Confédération, etc.

fermait la sienne et dut de n'être pas déphasé trop tôt à sa perméabilité à épouser les vues et aspirations de ceux qui lui poussèrent constamment dans le dos. Bourassa connaît la scène d'Ottawa autant que Trudeau croit connaître celle de Québec. Il n'a pas de complexes ni devant Ottawa, ni devant Trudeau, ni devant son *establishment.* Il a une formation comparable à celle du premier ministre canadien, avec quelque chose de plus appliqué dans des matières arides comme les joyeusetés de la théorie fiscale. Plus encore que Lesage il s'est fait élire sans Ottawa, où il n'avait aucune racine. Mais il ne peut gouverner indéfiniment ni en toutes matières sans tenir compte d'Ottawa.

Pour l'instant, ce n'est pas là son souci majeur, ni immédiat. Ayant déjà empoché une centaine de millions, il prétend avoir commencé à administrer la preuve que le fédéralisme peut être "rentable". Quant à son dada, dont des adversaires ont fait un slogan, des "100 000 emplois", il risque d'en être prisonnier. Sa partie ne sera pas facile. Son libéralisme réel est encore mis à dure épreuve par le défi de réformer le régime électoral. Nous sommes devenus plus exigeants. Une nouvelle distribution de la carte électorale ne suffit plus. C'est le régime électoral vicié qui a amené une sous-représentation dangereuse du Parti québécois depuis le 29 avril, et qui avait rejeté les libéraux dans l'opposition en 1966 dans ce qui fut ce jeu absurde du *qui perd gagne.* Pour l'instant, il profite de ces distorsions grotesques: mais Godbout en 1944, Lesage il y a quatre ans sont témoins que les libéraux peuvent y écoper au point de, majoritaires en voix populaires, perdre le pouvoir en chambre. C'est beaucoup demander à un vainqueur d'avantager un vaincu, éventuellement son vainqueur dans une partie subséquente.

Bourassa est le principal obstacle devant René Lévesque, qui le sait bien et voudrait moins le savoir qu'il ne le sent. Les deux hommes, qui ont appris à se connaître et à travailler ensemble, continuent à s'estimer profondément dans la commune détestation de leur option respective. Et à se craindre. De telles luttes font des combats entre écorchés.

Combien de temps un chef jeune peut-il assurer la jeunesse d'un parti? Nous voyons, par le cas de Marcel Masse, comment un vieux parti, qui s'était administré une cure de rajeunissement, peut en si peu de temps *géronto-cratiser* ses jeunes leaders.

Et Trudeau depuis deux ans et demi? La réponse pourrait s'intituler: "Grandeurs et servitudes d'une mythologie politique". Il faudrait y consacrer au moins un feuilleton. Contentons-nous d'observer que Trudeau en est arrivé à ce point de jonction très délicat où l'homme d'Etat doit se substituer au mythe vivant, qui porte à faux à la longue. Le risque est double: que le désenchantement soit à la mesure de l'attente démesurée de ceux qui ont surfait l'homme; que le succès même du mythe soit pris pour acquis et cesse d'être versé au crédit de l'homme. C'est déjà commencé. Le Canada anglophone trouve en lui son premier ministre le plus coloré depuis Sir John A., vivant sa biculture en un équilibre tellement parfait que cela en devient impudique! Les Canadiens francophones ont désormais à Ottawa un autre pôle d'attraction, d'intérêt ou de curiosité que le seul Réal Caouette. Le match dissymétrique et prématuré entre Trudeau et Lévesque n'aura pas lieu. Il ne s'ouvrira que si Lévesque gagne le sien contre Bourassa.

On revient à la relation circulaire: de Trudeau en Bourassa, de Bourassa en Trudeau. C'est la réussite conjuguée, tout au moins simultanée, des deux à leur plan respectif qui peut continuer à faire tenir les dix provinces en une unité politique plus englobante. Si l'un des deux échoue, l'autre flanche... Mais, dans le Québec plus qu'ailleurs, la réussite de l'un risque de s'apprécier aux dépens du succès de l'autre. Et s'ils réussissent trop bien ou trop aisément, c'est qu'ils auront été de connivence...

La politique internationale se propulse en des états de tension qui ne se distendent jamais complètement: voir l'histoire de la guerre froide depuis 25 ans. Le caractère *inter-national* de la politique canadienne sera encore plus accusé dans les années 1970 que dans la décennie précédente. L'inflation, le chômage, la pollution, l'inégalité régionale ne sont certes pas des petits problèmes, mais nous n'en avons pas la spécialité.

Ce qui nous est propre, c'est l'urgence de deux réformes qui dépendent de Trudeau et de Bourassa — et qu'ils peuvent avoir tous deux de "bonnes raisons" de ne pas faire, de ne faire qu'à moitié, de reculons ou trop tard. Une vraie réforme constitutionnelle au Canada où le Québec trouvera une place conforme à sa spécificité. Une vraie réforme électorale au Québec où le citoyen québécois en *déviance* canadienne ne sentira pas sa voix défranchisée. Ce sont les deux prérequis des réussites de Trudeau et Bourassa, au moins dans le Québec. Dans ce Québec bizarre, inconséquent par excès de logique si l'on veut, mais devenu plus nerveux sur les règles du jeu que sur les gains à compter d'une partie fausse... Mais, sans le Québec où est le Canada?

4

LETTRE POLITICO-PERSONNELLE À PIERRE TRUDEAU (*)

Mon cher Pierre,

Avec le tutoiement de ces paragraphes introductifs, c'est la seule familiarité que je me permettrai: "Mon cher

(*) *Le Magazine Maclean*, février 1971.

Pierre". Elle évoquera pour toi toutes ces années d'entretiens parfois passionnés sur la *Cité* qui devait être *Libre*. Dans une lettre que tu m'adressais devenu député, tu avais ajouté de ta main en post-scriptum: "Tu vois un peu le ton solennel que j'emploie maintenant! Mais il ne faudrait pas que cela nous empêche de poursuivre nos entretiens." Un peu plus tard, me faisant hommage de ton livre *le Fédéralisme et la société canadienne française* (1), tu rappelais en une aimable dédicace que c'était là un "sujet que nous discutons ensemble depuis quinze ans, et toujours avec profit pour moi".

Me voici donc en retard de quelques années pour la reprise de ces entretiens. Depuis assez longtemps, je me retenais de t'écrire. D'abord, parce qu'ayant le sens des proportions je sais qu'un premier ministre a autre chose à faire que lire ce qu'à gauche et à droite on écrit à son sujet. Ensuite, parce que les lointaines amitiés ne doivent pas interférer dans la vision critique de l'analyste politique, surtout quand il veut aller au-delà de la *public image*. Entre tes anciens amis qui restent au *trudeaufixe* et les autres qui sont devenus *trudeauphobes*, tu sais que, par instinct et longue habitude, je n'aime pas projeter ces images déformantes, en trop ou en moins. Cette lettre, je sentais que je ne l'écrirais qu'en état de nécessité. Quelques mois après "les événements d'octobre" et à peine plus d'un an avant l'appel au peuple, pendant le Carnaval blanc de Québec (où tu aimes venir "faire un p'tit tour"...) et à quelques jours du congrès de la Fédération libérale du Canada (Section Québec), ce moment est arrivé.

D'emblée, je me situe sur *ton plan*, qui est aussi celui de ceux qui t'ont "fait roi", c'est-à-dire premier ministre. Or, pourquoi es-tu là? Parce que, contre toutes les lois du genre, contre tout ton passé anti-parti libéral, tu as été propulsé à la tête de ce parti alors à la gouverne de cette

---

(1) Les Editions HMH, **Montréal**, 1967.

chose historique assez mal en point, qu'on appelle "Canada". Ton destin des plus ahurissants qui pourrait s'intituler, comme je l'ai déjà fait par ailleurs, *Comment devenir premier ministre en faisant tout pour ne jamais l'être* (2), est déjà en partie passé à l'histoire. De cette phase, je retiens surtout ce mot d'effroi lucide qui t'échappa lorsque, de tous bords et de tous côtés, on te pressait de te laisser inscrire dans la course au leadership de M. Pearson: "Je ne suis pas sûr de vouloir devenir premier ministre du Canada". En même temps que du caractère implacable du défi qu'on te proposait, tu étais conscient que l'individualiste forcené désormais serait triplement encagé — et que les barreaux de la cage ne sont dorés que vus de l'extérieur. Tu savais mieux que quiconque dans quoi tu t'embarquais. Tu t'es embarqué. On ne reproche pas au yachtman — que tu es, aussi — de ne pas faire la mer. On ne peut le critiquer que pour sa façon de prendre les vagues.

Tu es donc arrivé "aux affaires", comme disait de Gaulle que tu admirais tant et te le rendait bien, pour un *job* d'urgence: empêcher un grand pays de se défaire qui, en un siècle de devenir, n'avait pas réussi à *se faire*. L'urgence continue, est devenue plus aiguë même. Quelle part du *job* est accomplie? *That's the question*, diraient Shakespeare et Jean-Noël Tremblay. Il y a la période d'avant "les événements d'octobre"; et celle d'après, où nous sommes.

♦

Le ci-devant citoyen est donc parti en force et en accéléré à la tête du parti et du pays avec toutes les chances humaines possibles de son côté, y compris celle du

---

(2) *Ne bougez plus!* (Portraits de 40 de nos politiciens), Editions du Jour, Montréal, 1968, p. 15.

choix du principal adversaire quelque six mois avant qu'un congrès de parti l'investisse premier ministre du Canada. Trois mois plus tard, le peuple souverain ratifiait massivement cette première onction. Le nouveau gouvernement, après examen révisionniste, procédera à la mise en place des "grandes politiques" sous la forme d'autant de livres blancs. Dans l'intervalle, prise de possession du parti et de ses appareils (car il en a plus d'un) par le nouveau chef; instauration d'une collégialité réelle au cabinet, ce qui ne peut s'entendre qu'à direction autoritaire (Hellyer l'a appris); enfin, le moins aisé qui n'est pas achevé, la mise au pas de *l'establishment* de la fonction publique qui avait résisté aux traitements de choc de ce trublion de Diefenbaker, mais en avait gardé quelque souvenir aigre. Et le nouveau premier ministre n'est pas trop mal parti...

A la Chambre, en tournée du pays, devant la télévision et les journalistes, il avait surtout le courage intellectuel, devant toutes sortes de *rising expectations*, de ramener à d'humaines proportions ce qu'on pouvait raisonnablement attendre du gouvernement que le premier ministre dirigeait effectivement sans se contenter de le présider. C'était ce que je trouvais de plus valable de ce nouveau "style" de la politique canadienne. Ce qui ne m'empêche pas de rouspéter comme tout le monde devant ce mal universel de l'inflation que vous ne parvenez pas à juguler complètement; ou de m'indigner de ce cancer du chômage que vous ne réussissez pas à extirper; de m'inquiéter enfin des "inégalités régionales" qui persistent et auxquelles s'attaque avec courage l'ami Marchand — quand il ne se disperse pas avec autant de maladresse que de bonne foi à régler leur compte aux séparatistes québécois.

Au sujet du réaménagement constitutionnel, le capital de bonne volonté transcanadienne, que le Centenaire, l'Expo, la conférence Robarts et les rapports de la B.B. avaient créé, n'est plus, est peut-être perdu comme une belle occasion irrépétable. "C'est pour défendre le fédéralisme que je suis entré en politique en 1965" (3). Déjà, l'ancien ministre de la Justice n'admettait pas aisément que sa défense la plus efficace pouvait consister dans sa réforme radicale. Le fédéralisme comme arrangement structurel complexe n'est pas *in se* porteur de valeurs comme, disons, la démocratie. Il se défend ou se justifie par ses résultats de fonctionnement. Or, il fonctionne de plus en plus mal; et on le voit de plus en plus clairement depuis que les autres provinces se sont mises à se comporter plus ou moins comme "la province pas comme les autres", bien que pour d'autres raisons. Tant et si mal que le Canada n'apparaît plus comme difficile à gouverner parce qu'il est un pays fédéral, mais parce qu'il a un *mauvais* régime fédéral il est et deviendra de plus en plus difficile à gouverner.

Et puis, il y a le cas du *Quebec problem*. Traitement ou rôle spécial du Québec, si l'expression de "statut particulier" est à proscrire, pour en reconnaître effectivement la *spécificité* dans son insertion même à la vie canadienne: c'est la première condition de réalisme politique qui s'impose à un mainteneur ou un "défenseur" du fédéralisme. On n'érige pas un nouveau système fédéraliste comme on émet les lettres patentes d'une nouvelle société: bien sûr. A son niveau, le premier ministre du Canada est aussi seul qu'est impuissant celui du Québec pour forcer une évolution rapide. Mais *l'impact* pour la transformation *faisable* ne peut venir que du premier ministre du Canada. On l'a plutôt vu appliquer la règle du "diviser pour régner" et entendu pousser son contradicteur québécois à une logique de l'absurde à tout propos, ce qui n'est pas d'une dialectique de négociation très heureuse. Et le malaise fiscalo-constitutionnel d'un

_____

(3) *Le fédéralisme et la société canadienne-française*, Montréal, 1967, p. V.

40

Québec, gêné à ses entournures fédérales, a continué à pourrir.

"Il ne faut pas chercher d'autre constante à ma pensée que celle de s'opposer aux idées reçues" (4). L'auteur du *Fédéralisme et la société canadienne-française* aurait dû, de tout le poids de son charisme triomphant, s'élever contre la plus épaisse des "idées reçues" à Ottawa: à savoir que le régime fédéraliste canadien n'est pas si mauvais puisqu'il a quand même duré cent ans... qu'en conséquence le moins on y touchera, etc. On pourra trouver ce propos bien vain puisque ta pensée fédéraliste était bien connue avant d'entrer en politique. Il ne s'agit pas de la continuité d'une pensée à laquelle je rends hommage; il faut parler d'une discontinuité entre cette pensée logicienne et l'objet changeant à quoi elle pouvait continuer à s'appliquer, en bonne logique justement.

Le Québec, tendant à devenir lui-même depuis 1960, n'est plus *le même* qu'auparavant et tous nos schèmes de pensée deviennent plus ou moins inadéquats pour couler la réalité canadienne, *avec toujours un Québec dedans*. Du point de vue du défenseur du fédéralisme, il s'agit de commencer à recoller la réalité québécoise à l'ensemble canadien car le Québec *décolle à vue d'œil*... J'enregistre un phénomène flagrant; je n'apporte pas de l'eau au moulin du *québécocentrisme*. Sera-t-il dit que, dix ans après le somptueux ratage de Diefenbaker entre 1958-1962, une seconde fois qu'un premier ministre canadien est en position privilégiée de relancer le Canada, il faudra verser un autre fiasco, mais bien plus paradoxal, au compte d' "un gars nommé Trudeau" ? L'équation est stricte: d'un côté, le Québec ne peut *se prendre* pour tout le Canada, ou ne doit pas se comporter comme un autre Canada; mais de l'autre, il n'y a plus de Canada sans le

_____
(4) *Ibidem.*

Québec dedans, là où il a toujours été, mais désormais plus agent, agissant et non plus seulement *agi* comme par le passé qui ne date pas du déluge. C'est là une *donnée* vérifiable: n'en pas tenir compte, ou la nier comme fantaisie du moment ("Finies les folies!"), c'est consentir à se *déphaser*, c'est se crever les yeux agréablement. Pendant ce temps-là, le décollage en profondeur risque de s'élargir. J'aimerais trouver chez le premier ministre du Canada la lucidité de l'analyste de *Cité libre*, qui n'avait pas la rigidité doctrinaire que beaucoup d'anciens amis lui reprochent si durement aujourd'hui. Toute vision constitutionnaliste simplifiante et logicienne exaspère, surtout avec paroles et gestes conséquents, les courants profonds: les gains marqués dans la minute seront effacés par la perte à moyen terme. Cela doit être dit alors que reste encore le temps du court terme.

Je balance: fais-je d'abord référence à ta générosité intellectuelle pour une perception exacte ou à une "imagination créatrice" de l'homme d'Etat dans les grandes circonstances? Disons: les deux. En politique, il y a presque toujours "une dernière chance". Il y a une chance immédiate à ne pas rater: reconstituer pour 1972 — c'est l'an prochain — les circonstances favorables à la période 1965-1967, pendant que Bourassa (*matter of fact*, "fédéralisme rentable", etc.) est assuré de son pouvoir jusqu'en 1974. Si la conjonction historique Trudeau-Bourassa n'amène pas la relance du fédéralisme canadien d'ici trois ans, je crois que les indépendantistes québécois pourront alors parler sans se gargariser de l' "irréversibilité" du phénomène. Le délai est court. Nous sommes plus d'un à être habité d'un sentiment d'urgence.

◆

Personne ne sort consolidé de tourmentes comme celle que nous avons connue en octobre au Québec. Ni aucun gouvernement. Parce que des secousses aussi tragiques laissent plus d'ambiguïtés que celles qui lui ont donné naissance (sans évoquer le mimétisme grotesque de ce qui se fait ailleurs, dans des circonstances non comparables à la nôtre). Nous avons tous à reprendre notre équilibre, mais sur d'autres bases que du disproportionné, du déséquilibrant. Je n'oublie pas *qui* a commencé le premier à utiliser, en complète dissymétrie, la violence bête. Mais je sais encore que, lorsqu'on a été copieusement la cible de diverses intolérances idéologiques ou verbales, la tentation, non, plutôt le réflexe est d'être intolérant à son tour. Stigmatiser les *bleeding hearts* du même souffle que les "bandits"; invoquer l'argument que "c'est le F.L.Q. qui a été rétroactif"; ou donner dans la démagogie de la peur avec "... un fermier, un gérant de Caisse populaire, un enfant...": tout cela rejoint, en les dépassant, les désormais historiques "La clé dans la boîte" ou "Finies les folies!". S'il faut se garder de jeter de l'acide sur des plaies ouvertes, il est encore moins indiqué d'en ouvrir d'autres sur des tissus sains.

Il n'y a que les fous (et encore pas tous...) et les anarchistes (qui le sont tous...) qui soutiendraient qu'attaqué l'Etat n'est pas en droit de se défendre. Mais, quand on est le plus fort, incomparablement et en permanence, il y a une façon de relever le défi. Passée la phase du combat tout à fait dissymétrique et absurdement horrible que des forces minuscules ont engagé contre l'Etat, le grand mainteneur de l'ordre et de la sécurité des citoyens doit garder ce que j'appelerais une élégance sereine dans l'utilisation de sa force ultime que personne ne lui dénie. Car c'est une tâche d'une extrême délicatesse de devoir brimer la liberté pour sauver les libertés publiques. Cela peut aussi se dire: ne pas se mettre en situation d'écraser à tort et à travers.

Le proposeur de l'abolition de la peine capitale, qui est aussi l'adversaire de la carte d'identification, croit encore qu'il faut prendre des chances avec la liberté. Surtout quand est acquis au départ l'appui massif de la population et que la structure de l'Etat, un court moment ébranlée à l'un de ses niveaux, n'est tout de même pas en processus d'effondrement. Nous attendons encore le début de la preuve de l' "insurrection appréhendée" ou de la menace du "gouvernement parallèle" au nom desquelles on a mis en place toute une artillerie lourde de défense: une armée, trois polices; la loi des mesures de guerre, puis celle de l'ordre public avec ses vicieux principes — que nous combattions en d'autres temps — de la rétroactivité et de la culpabilité par association. (Voir la déclaration mesurée de la Ligue des Droits de l'Homme dont le premier ministre du Canada fut un des membres fondateurs.) On sera d'accord qu'un efficace programme de prévention ne doit pas prendre l'allure d'une politique de provocation, — surtout rétroactivement.

Le premier ministre du Canada est le gardien en chef de l'ordre établi. Il n'a pas de responsabilité immédiate sur tous les actes qui se commettent à divers niveaux en vertu des pouvoirs spéciaux que des circonstances particulières ont imposés. Mais il a un non moindre devoir moral d'apparaître comme un grand *apaiseur* dans la clarification graduelle d'une période trouble. Les justiciers ne manquent pas.

Le sportif des jeux de force peut être tenté de *donner un coup* pour voir jusqu'où cela porte! Mais il est aussi un sportif des jeux d'adresse. Ayant tous les moyens d'être fort, il a aussi les ressources d'être adroit. Je suis sûr qu'il ne trouverait aucune satisfaction à présider un gouvernement par la peur.

C'était hier que Créon était du côté d'Antigone. Dans son déchirement intérieur, le Créon du mythe antique était un Machiavel maladroit parce qu'il lui manquait le cynisme. La référence à Créon m'apparaît moins injuste que l'allusion à Duplessis ou à Mackenzie King (version

44

swinging selon Edward Broadbent). Mais c'est d'une ironie majeure que doive se constituer, fin 1970, un nouveau *Rassemblement* pour se protéger contre des politiques que l'un des principaux animateurs du *Rassemblement* de 1956-7-8 patronne aujourd'hui. Un rapport collectif, fait par des Canadiens anglophones, a montré au début de décembre avec quelle aisance on accepte de sévères restrictions aux libertés fondamentales pourvu qu' "on n'ait rien à se reprocher". Nul besoin de rappeler à l'idéologue politique de *Cité libre* que la démocratie est une plante très fragile. Et que, fût-ce "pour le bon motif", il n'est pas bon de la piétiner, parce que d'autres ont tenté de l'étouffer de la plus outrageuse façon. Le chapitre "Comment l'autocratisme vient aux gouvernants" n'est jamais beau à lire.

◆

Je ne t'ai pas donné du "cher Pierre" à chaque détour de paragraphe. Je ne t'ai pas braqué sous les yeux tel ou tel texte qu'en d'autres circonstances, et ès autres qualités, tu adressais aux détenteurs du pouvoir d'alors. Le théoricien du dialogue démocratique, des contre-poids et des oppositions nécessaires sait qu'il faut des citoyens alertes pour répondre positivement à la question: "Qui gardera ceux qui nous gardent?" Je sais encore qu'il t'en faut beaucoup pour ne pas croire à la bonne foi de ceux qui ne nient pas la tienne. C'est dans cet esprit que, d'une coulée, je t'aurai écrit cette épître, à la fois trop longue et trop courte pour un tel sujet — et des deux je m'excuse, mais non pas de l'avoir écrite.

En toute amitié,

d'un citoyen parmi les autres,

Gérard Bergeron

5

UNE FORTERESSE OU UNE PRISON (*)

Pour dépassionner la question, supposons que nous ayons tous dormi pendant "les événements d'octobre" — ou qu'ils n'aient jamais eu lieu. Il resterait que l'éventuelle sécession du Québec de la Confédération reste la question numéro un de la vie canadienne. L'indépendance économico-politique du Canada par rapport à son seul et ultra-puissant voisin ne vient qu'en second, puisqu'elle suppose que se maintienne l'arrangement confédératif actuel supportant de plus en plus mal ses défauts centenaires. L'âge n'arrange rien; la durée n'a jamais garanti une persistance indéfinie.

Le thème majeur de tous les commentaires qu'aura suscités la sixième conférence constitutionnelle de février a été celui de "déblocage". On aurait aussi pu employer celui de "renflouement". Depuis l'échouement de la formule Fulton-Favreau d'amendement à la constitution, à commencer par la question de son "rapatriement" (ce qui est encore impropre puisque notre constitution n'a jamais eu ici sa "patrie"), depuis donc 1964, la barque-Canada était comme enlisée dans un banc de sable. Il fallait l'en sortir pour qu'elle puisse prendre la mer des avenirs possibles. C'est fait depuis cette conférence: une formule plus souple, tenant compte de la relativité des facteurs masse et nombre pour permettre le dégagement de majorités qualifiées des provinces, a été mise au point, contrastant avec la règle d'airain de l'unanimité absolue de la défunte formule F.F. (1). Chacun des onze membres de l'entité multiple canadienne n'est plus entravé par ce que

---

(*) *Le Magazine Maclean*, avril 1971.

(1) La formule Fulton-Favreau.

de ses opposants à l'époque appelaient "la camisole de force" constitutionnelle. Mais personne n'est devenu totalement libre de ses mouvements, non plus: il y a des veto individuels pour le Québec et l'Ontario, conjugués à l'Ouest comme à l'Est.

L'accession du Québec à l'indépendance par les voies démocratiques, et selon des règles constitutionnelles à préétablir, passerait par le processus d'une révision, qui serait en l'occurrence tout à fait fondamentale, de l'actuelle constitution. Le dégagement d'une majorité (50 p. cent des voix plus une) ou d'une pluralité (le P.Q. venant en tête des partis québécois sans atteindre ce chiffre) de l'opinion québécoise en faveur de cette option ne pourrait faire fi du mécanisme de révision prévu, du moins tant qu'on sera sur le plan du droit constitutionnel et non pas sur celui du droit international. Le passage d'un plan à l'autre impliquerait qu'on est déjà sorti de l'hypothèse démocratico-constitutionnelle: rébellion, guerre civile, occupation "étrangère"; cessez-le-feu, retrait des "troupes fédérales", médiation par une instance internationale, référendum constituant, proclamation d'indépendance et sa notification aux dix autres capitales canadiennes puis aux principaux états étrangers et à l'O.N.U. etc. — ou répression et fin d'une aventure biafraise en Amérique du Nord. Il n'y a pas 57 scénarios possibles d'une éventuelle sécession d'un Etat fédéré d'un Etat fédéral. Il n'y a que des variantes à partir de l'hypothèse I, du plan constitutionnel-démocratique, selon laquelle l'indépendance est *octroyée* ou refusée, ou à partir de l'hypothèse II, du plan international et du recours à la force, selon laquelle l'indépendance *s'arrache* ou est écrasée.

Deux pensées un peu courtes

Cette question, *ultime* en logique, est aussi *première* dans l'actualité du fait que l'indépendance québécoise est

47

devenue pensable, possible, sinon aisément faisable et non encore "irréversible" comme l'ont proclamé trop tôt nos souverainistes. En interrogeant leur pensée à cet égard depuis 10 ans, on aboutit à un bilan à trois colonnes fort inégales: celles du "trop", du "trop peu" et du "presque rien". La première colonne du "trop", c'est l'addition de tous les *pourquoi* l'indépendance doit se faire, se fait, se fera. La deuxième du "trop peu", c'est la faible somme du *quoi* il s'agit avec l'ambiguïté du "ce qu'il y a à perdre je le gagne sur un autre plan": d'une part, la *souveraineté;* de l'autre, l'association. (Feu Daniel Johnson disait: "Divorcer d'une femme pour la remarier après".) Mais c'est dans la troisième colonne du *comment*, par quels processus et selon quelles étapes l'indépendance peut *s'arracher* démocratiquement et être *octroyée* constitutionnellement avant d'être reconnue internationalement, que la pensée souverainiste est de loin la plus faible. Et je m'empresse d'ajouter, la pensée fédéraliste *itou!* Tout le monde, le nez dans ses problèmes et les bagarres du jour, se refuse sur ce point à parler plus loin que son nez. Et cette discrétion des deux côtés n'est pas l'interdiction qu'on se fait de ne pas donner d'arguments au camp adverse; ce n'est pas tellement qu'on ne sait pas, c'est qu'on ne veut pas savoir! Le "C'est alors que ça se fera..." de René Lévesque est du même type de facilité que la non-boutade de Pierre Elliott Trudeau: "Notre gouvernement n'a pas de politique à l'égard du séparatisme sauf qu'il ne se produira pas".

Par une loi ou un référendum?

C'était en mars dernier, à quelque cinq semaines du scrutin québécois du 29 avril. Il y eut aux Communes un vif débat entre Messieurs Diefenbaker et Marchand, que poursuivit une violente altercation hors de la Chambre entre les deux hommes. "Dief." pour les intimes, l'ancien premier ministre du Canada pour tout le monde, "le vieux lion des Prairies" pour les journalistes lyriques de l'Ouest se mit à rugir justement en s'en prenant à des propos que le leader de l'aile québécoise du parti libéral aurait tenus à un journaliste de *The Gazette*. Avait-il, oui ou non, laissé entendre que le gouvernement fédéral enverrait la troupe au Québec si un parti québécois indépendantiste proclamait la souveraineté du Québec sans l'appui majoritaire d'au moins 50 p. cent de sa population? Le journaliste en question, Gordon Pape, précisa qu' "en aucun moment de la conversation M. Marchand n'avait prôné l'emploi de la force armée au Québec". (C'était plutôt M. Jean-Pierre Goyer, alors député et secrétaire parlementaire qui, quelques jours auparavant, avait mentionné l'hypothèse d'une intervention armée dans un Québec révolutionnaire tout en précisant qu'Ottawa n'aurait qu'à s'incliner si la majorité des Québécois favorisait la séparation.) La thèse de M. Marchand était qu'un parti pluraliste, et non majoritaire en voix, ne pouvait faire l'indépendance du Québec: "Quand on décide de l'avenir d'un pays, c'est encore plus important que la constitution. Faire l'indépendance ce n'est pas adopter une loi ordinaire. Je pense que ça prend l'appui de plus de 35 ou 37 p. cent de la population." D'où l'idée d'un référendum au Québec et même dans tout le Canada: "Après tout, on est aussi le gouvernement du Québec. On représente aussi les Québécois". Imbu tout autant de la doctrine de la *Supremacy of the Parliament* qu'il est allergique à l'idée même d'une sécession du Québec, M. Diefenbaker voyait en ces propos de M. Marchand une "doctrine choquante... qui violente notre constitution" et une "formule de veto... qui changerait la constitution". Et, argumentant par l'absurde, M. Diefenbaker soutenait que le gouvernement de M. Trudeau ne pourrait lui-même agir avec un gouvernement s'appuyant sur seulement 43 p. cent du vote populaire.

Politics makes strange bedfellows. Ce même jour, M.

Jacques Parizeau, alors en campagne électorale à Québec, donnait une réplique identique à M. Marchand en invoquant le principe juridique de *l'acte contraire:* "Je ne suis pas responsable des règles du parlementarisme britannique. Elles sont là. Le Parlement est souverain et notre système n'est pas basé sur le référendum. Le Québec est entré dans la Confédération par un vote de son assemblée législative. Il en sortira également par un vote de cette assemblée... Nous ne sommes pas dans une quelconque république de bananes. A Ottawa, on a le respect de la démocratie parlementaire. Nous, du P.Q., ne sommes pas d'accord avec le système actuel et c'est par un vote du Parlement québécois que nous allons le modifier". Autrement dit, la constitution: *Loi* (formelle, ordinaire votée par Westminster en 1867) ou *Pacte* (passé entre les deux groupes ethniques fondateurs) — discussion interminable qui a bercé l'adolescence politique des hommes de ma génération... Seulement, la berceuse d'hier peut prendre demain l'allure martiale d'une marche militaire...

Une autre fois, c'était dans la première quinzaine de septembre dernier. S'interrogeant sur le futur politique de M. Cardinal, M. René Lévesque repoussait son objection, "M. Lévesque... n'a jamais dit comment il ferait l'indépendance", en ces termes suivants: "Chose certaine au départ, ce n'est pas un homme qui va la faire! Sur un tel objectif, ce sont beaucoup d'hommes qui doivent s'efforcer, comme l'a si bien écrit M. Cardinal, de rassembler un peuple traditionnellement émietté, de lui insuffler la volonté d'oser enfin vivre normalement et se gouverner lui-même". Et, enchaînant immédiatement, la phrase déjà citée: *"C'est alors que ça se fera.* Une majorité nationale aura des chances de se dégager, librement et clairement, au moment d'un scrutin. Une telle décision démocratique, qui n'a rien du coup d'Etat ni de l'anarchie révolutionnaire, ne saurait être honorablement contestée par quiconque. Après quoi, bien sûr, viendraient pourparlers, liquidations, nouveaux arrangements qu'on ne peut à l'avance décrire par le menu. Mais l'essentiel sera fait. De la seule façon imaginable dans le contexte où nous sommes".

Quelque chose d'autre... et de civilisé

Il faudrait imaginer plus et plus loin. Ce ne serait pas aussi simple. Mais c'est une idée qui, dans l'optique aussi bien fédéraliste que souverainiste, ne serait pas "populaire" si on la poursuivait dans sa double logique naturelle. C'est *la* question, obsédante: *comment* nous y irons et non pas seulement *vers quoi* nous allons. Une règle s'impose de deux côtés: s'abstenir de rêver en couleurs. Proposer comme M. Laurin que la constitution révisée reconnaisse formellement le droit de sécession du Québec implique la transformation de notre Confédération, qui est une *fédération*, en véritable *confédération* d'Etats, à personnalité de droit international: c'est rêver en couleurs pastel. Lier l'indépendance du Québec à un référendum pancanadien pour l'entériner, selon la déclaration de Marchand: c'est rêver en couleurs sombres. Entre les deux, entre la guerre civile et la doctrine Brejnev, version nord-américaine, il faut trouver, imaginer quelque chose d'autre, d'intermédiaire et, autant que possible, de "civilisé". Il faut *prospectiver*, au moins dans le secret.

Le "déblocage" ou le "renflouement" dont il était question au début, tout mineur soit-il, est la première chance historique de pouvoir penser avec quelque rigueur d'avenirs possibles pour un Canada avec toujours un Québec dedans, ou pour un Canada pakistanisé par un Québec indépendant. C'est le *comment* cela peut se produire, dans les deux cas, qui est la question passionnante et qu'il faudrait pouvoir étudier en froide cérébralité qui la dépassionnerait. On ne peut avec aise habiter une maison en interrogeant constamment la solidité de sa structure en même temps que la largeur et la clarté de ses échappées vers l'extérieur. Quand cela est, on peut parler d'une forteresse, mais aussi d'une prison.

6

PROPOSITIONS DE RÉFORMES CONSTITUTIONNELLES (*)

L'ancienneté de la Constitution n'est peut-être pas son principal défaut, mais sa persistance ne fait pas non plus la preuve de sa validité actuelle.

Unité artificielle

A l'origine, la Confédération créa un Etat *multiple* plutôt qu'un Etat fédéral, s'élaborant plutôt "contre" qu' "avec": d'où une forte centralisation pour maintenir une unité artificiellement créée.

Puis, s'affirmèrent graduellement des pratiques plus fédérales (*"quasi-federal constitution"* — Wheare) et même certaine tolérance à des comportements de type confédéral pendant de courtes périodes.

La période actuelle peut se caractériser comme une réaffirmation simultanée du pouvoir central et des

---

(*) *Le Devoir*, 11 mai 1971. Texte d'un mémoire, présenté au Comité mixte du Sénat et des Communes sur la Constitution à sa séance du 4 avril 1971. Ce texte, présenté sous la forme de 43 propositions interreliées est ici allégé de sa numérotation. Les sous-titres sont de la rédaction du *Devoir*.

provinces sans principe constitutionnel supérieur pour les départager dans ce réaménagement, laborieux et souvent conflictuel, de compétences non clairement spécifiques à chaque niveau de gouvernement.

Le spectacle ressemble parfois à une autodistribution de compétences et de responsabilités dans l'ambiance d'une lutte confuse et dissymétrique et en dépendance de rapports de force (ou de prétention), eux-mêmes variables selon des conjonctures changeantes et les questions sous examen.

Les carences et imprécisions constitutionnelles ne facilitent plus la faculté de souplesse et d'adaptation après-coup comme naguère encore, mais font perdurer les tensions chroniques actuelles en accentuant un malaise général.

Bipolarité

Le régime s'adapte de plus en plus difficilement souvent dans une ambiance de maquignonnage ou selon le style des négociations internationales de la guerre froide: bipolarité quasi constante d'Ottawa et Québec; multi-polarisation selon la nature des questions débattues; ou divers alignements changeants avec rôle déterminant à l'Ontario ou à l'une des autres régions géographiques naturelles.

Des transactions ambiguës dans des négociations permanentes et sans règles fixes ne peuvent constituer le fonctionnement quelque peu normal d'un Etat fédéral: il s'ensuit un chevauchement des compétences législatives et des dédoublements administratifs diminuant le rendement fiscal global.

La continuation de la situation actuelle ou sa correction tardive vont aggraver encore le dysfonction-nement et causer de nouveaux vices de fonctionnement.

Parce que difficile à gouverner autrement, le Canada s'est donné une constitution d'inspiration "fédérale"; c'est parce qu'il a une mauvaise constitution fédérale qu'il sera de plus en plus difficile à gouverner à l'avenir.

La gravité de la crise actuelle révèle la minceur ou l'équivoque des *consensus* implicites dans les arrangements constitutionnels du passé; des tendances explicites de *dissensus* sont maintenant évidentes au Québec. En corollaire de ce dernier phénomène d'une part, à cause de l'insatisfaction générale d'autre part, commencent à pointer ailleurs ce qu'on pourrait appeler des *dissensus* latents.

C'est la survie même du Canada qui, pour la première fois en temps de paix, est en cause, au moins à moyen terme. Le court terme s'étend de la conférence constitutionnelle de juin jusqu'aux prochaines élections québécoises, en passant par les élections fédérales de 1972.

Des arrangements constitutionnels idéaux sur le papier ne pourraient jamais se substituer à la règle fondamentale du vouloir-vivre collectif qui, au Canada, doit désormais s'exprimer selon un mode volontariste avec actes de réforme conséquents.

Réforme insuffisante

La réforme constitutionnelle est la condition préalable et indispensable, mais non suffisante, pour la relance d'un Canada nouveau. Mais, si elle se fait assez tôt et de façon assez radicale, elle est peut-être la dernière grande chance de refaire le Canada.

La réforme constitutionnelle en cours procède à un rythme vraiment trop lent. L'impact décisif pour une accélération des travaux ne peut venir que du gouvernement fédéral, appuyé pour le principe de son action par une majorité imposante des membres du Parlement canadien, sensibilisant l'opinion canadienne à cette question cruciale.

Si le gouvernement fédéral et le Parlement canadien sont les organes représentatifs de l'ensemble de la population canadienne réunie sous le pacte de l'association fédérale, ils ne constituent pas le pouvoir constituant à eux seuls: ils en ont été l'émanation à l'origine et, par reconduction tacite, continuent d'en être la créature.

Seulement, une fois créée, la structure centrale d'un Etat fédéral existe, fonctionne par elle-même et justifie sa raison d'être par son relatif bon fonctionnement à son niveau propre et par sa faculté d'intégration de l'ensemble fédéral.

A défaut d'organes communs à l'Etat central et aux Etats fédérés, ce sont le gouvernement fédéral et le Parlement canadien qui doivent fournir l'impulsion globale au processus de la nécessaire réforme constitutionnelle. Ils ne doivent pas trouver dans le non-dégagement clair et spontané d'accords entre les Etats fédérés de justification à ne pas accélérer le mouvement et encore moins à employer la règle du "diviser pour régner".

Impossibilités

Quelques impossibilités:

1) a. écrire d'emblée et dans le détail une nouvelle constitution;

   b. prolonger la ronde de consultations sporadiques, trop espacées, donnant l'impression qu'on recommence presque à neuf à chaque fois;

2) a. croire qu'on arrivera, par étapes successives et par résultats juxtaposés, à des formules d'uniformisation, acceptables à toutes les parties, et qui ne se situeraient pas à un niveau très bas;

   b. croire que "la province *vraiment* pas comme les autres" fera tomber sa récalcitrance par l'adoption de telles formules à ce niveau ne reconnaissant pas sa spécificité propre;

3) a. l'octroi formel d'un *statut* privilégié pour le Québec, impliquant un fédéralisme en triple dénivellement, concevable certes mais très difficilement praticable;

b. la non-reconnaissance de fait du *rôle* spécial de la province la plus "pas comme les autres" dans un fédéralisme à double étagement aussi confus et mal fonctionnalisé que celui d'aujourd'hui.

Comme une répartition stricte et précise des compétences sera toujours déjouée et dépassée par l'évolution, il importe de s'entendre sur un principe supérieur et plus englobant de "division du travail" fédératif, qui pourrait s'énoncer comme suit: à chaque besoin à satisfaire correspond une fonction propre qu'un niveau de gouvernement est plus habile à remplir qu'un autre (proposition 20).

Pour rendre applicable ce principe, il faudrait peut-être songer à inverser la règle de l'octroi des compétences exclusives ou réservées, actuellement dévolues aux Etats provinciaux, pour l'appliquer à l'égard de l'Etat central, comme c'est le modèle dans la très grande majorité des Etats fédéraux.

C'est en grande partie à cause de l'extension qui a pu être donnée à la notion de pouvoirs résiduaires, que l'autorité centrale a pu occuper des champs nouveaux en jouissant d'une large liberté de manoeuvre, d'autant qu'elle s'est souvent montrée plus prête à prendre des initiatives que les autorités provinciales n'avaient pas les moyens de prendre ou dont elles n'avaient pas, ou pas encore, l'idée.

Les temps ayant changé, les Etats provinciaux ont eux aussi grandi et, au moins certains d'entre eux sont, en maints domaines où ils étaient hier absents, en état de relayer ou de remplacer efficacement des programmes d'abord lancés par l'Etat central, ou même à en promouvoir de nouveaux.

C'est en de nouvelles matières au sujet desquelles il n'y a pas de précédent et où ne se posent pas de droits acquis, juridiques ou fiscaux, que ce nouveau principe (proposition 20) devrait pouvoir s'appliquer d'abord; mais il devrait, par extension progressive, s'appliquer au réexamen de diverses affaires litigieuses qui sont dans l'actualité du débat en cause.

Tâches de compensation

Au lieu de faire concurrence aux Etats provinciaux dans les domaines de leur juridiction naturelle (d'après le critère de la plus grande aptitude en telle occurrence), l'Etat central, par-delà ses compétences exclusives, devrait pouvoir se spécialiser dans les tâches de compensation (allant jusqu'à la suppléance, si nécessaire), d'équilibration de l'ensemble, de stimulation par des grands moyens que lui seul possède. Ainsi, continuerait-il à grandir lui-même mais sans empêcher l'accroissement naturel des Etats fédérés dans le libre épanouissement de leur diversité propre.

Il ne faut pas se dissimuler que ce principe en quelque sorte métaconstitutionnel devra susciter des attitudes psychologiques nouvelles chez tous les gouvernements, chez les analystes et commentateurs, tous ayant contribué à durcir et à dramatiser les oppositions selon les équations du type "ce que l'un gagne l'autre le perd", "ce qui est la victoire du premier est la défaite du second", etc.

Selon la théorie générale du fédéralisme, la plus grande faiblesse constitutionnelle du fédéralisme canadien, c'est l'absence d'organes communs aux deux niveaux de gouvernement donnant l'impression d'un plus grand déséquilibre encore: a) un Sénat qui n'est pas la Chambre haute représentant les Etats fédérés en tant que tels; b) une Cour suprême qui, comme créature du gouvernement fédéral, ne peut avoir l'autorité morale nécessaire de juger en derniers recours de la constitutionnalité des lois.

Cette négation persistante de principes fédéraux ayant cours ailleurs est spécialement marquante au Canada. Sans forcément recourir à des experts constitutionnels étrangers, on pourrait tout de même s'inspirer de diverses autres formules ou modalités de fonctionnement qu'un fédéralisme plus raffiné que le nôtre a déjà expérimentées ailleurs pour permettre des formes de participation communes à l'élaboration des grandes politiques de l'ensemble de l'Etat fédéral canadien.

Les conférences fédérales-provinciales, constitutionnelles ou pas, sont bien inaptes à remplir ce rôle de participation intégrée des deux niveaux de gouvernement: dans l'intervalle, il faut continuer à les utiliser pour tâcher de marquer les nécessaires progrès immédiats.

Il faudrait pouvoir aussi réanimer et peut-être institutionnaliser avec périodicité les conférences interprovinciales qui ont eu, de façon sporadique, un rôle parfois important dans les débats constitutionnels, ne serait-ce que pour détecter la nature et l'ampleur des accords préalables entre Etats fédérés sur les tâches qu'ils s'estiment aptes à remplir par eux-mêmes en tout ou en partie. Cette procédure n'éviterait peut-être pas tous les "dialogues de sourds" mais ferait l'économie de combats en dissymétrie où l'Etat central porte souvent l'odieux, parce qu'il est le plus fort, d'avoir raison ou de sembler avoir raison.

Régions naturelles

Du point de vue de l'équilibre des masses de territoire ou des volumes de population, il y aurait eu avantage à ce que les Etats fédérés canadiens correspondent à des régions naturelles d'abord pour la cohésion et la communauté d'intérêts de chacune d'elles, ensuite parce que la région ethnique-Etat du Québec se serait vue dans un rapport de un à quatre (ou cinq) avec les autres Etats fédérés, et non dans un rapport de un à dix, sous la houlette de l'arbitre-intégrant de l'ensemble.

Mais le groupement éventuel des provinces de l'Atlantique et des Prairies dépend des populations en cause et ne pourrait s'effectuer qu'au nom du principe de leur autodétermination, comme celui qui fut à la base de leur adhésion, comme provinces distinctes, à l'association fédérale.

Du point de vue de la dynamique socio-politique de la société canadienne, c'est l'affirmation de plus en plus forte de la région naturelle-Etat du Québec qui est désormais le fait marquant et qui sera déterminateur de l'ensemble structurel à réinventer dans des délais qui se font de plus en plus courts.

C'est la seule des régions naturelles-Etats fédérés qui puisse, à l'heure actuelle, casser le Canada: ce n'est désormais plus un *Quebec Problem*, c'est la question d'un nouvel accord à renégocier entre les "deux peuples fondateurs" sur une base paritaire que l'ensemble structurel canadien nie dans son modèle, sa réalité, son mode de fonctionnement.

L'indépendance du Québec ne serait pas un bris de contrat au sens strict, il n'y a eu que contrat tacite, quoique toujours reconduit. Il s'agirait d'en faire un beaucoup plus explicite sur le principe de l'association paritaire entre deux majorités culturelles qui ne se sont guère reconnues jusqu'à maintenant que comme l'une emboîtant l'autre.

Cette situation est devenue de moins en moins acceptable à d'importantes couches francophones de la population québécoise. Les projections raisonnables sont que ce processus continuera, s'amplifiera même. Ce n'est pas dire que le phénomène soit irréversible, rien n'est irréversible en politique comme en toutes choses humaines.

Mais ce qui est patent c'est la croyance qui se répand que le phénomène est irréversible. Or, lorsqu'une chose est perçue comme réelle, elle produit des effets réels...

La sécession

La question n'est désormais plus de savoir si le Québec aurait tort ou raison de proclamer sa volonté de sécession, si la marche vers l'indépendance est vraiment irréversible, si les "coûts" divers à payer pour l'indépendance seraient trop lourds pour tout le monde. La question est que cette hypothèse pensable est le facteur désormais dominant de la réforme constitutionnelle en cours.

L'autorité centrale d'un Etat fédéral a comme première responsabilité d'assurer l'intégrité politique et territoriale de l'ensemble fédéral; mais elle ne peut fonctionner que par la présomption d'un consensus général sur le principe et la permanence de la structure d'association fédérale.

Quand il y a présomption du contraire, cela crée une situation toute nouvelle, de nature pré-constituante. Compte tenu des limites de l'usage de la force militaire ou de la menace de son emploi dans les sociétés dites "civilisées", il y a lieu de prévoir des mécanismes pour la vérification de l'expression d'une opinion majoritaire prônant la sécession.

Cette vérification, qui pourrait se faire sous la forme d'un référendum post-électoral et à portée pré-constituante, devrait être tout à fait libre de toutes espèces de contraintes à l'encontre de la population en cause.

Il ne serait pas nécessaire de proclamer dans un texte constitutionnel fédéral le droit à la sécession. Mais la base éthique de l'association fédérale a toujours été le principe (sans le nom) de l'autodétermination des sociétés politiques qui, à l'origine et à diverses périodes, ont décidé de s'y joindre, ou qui pourraient décider à l'avenir de s'y regrouper en plus vastes unités fédérées.

L'autodétermination

Le principe de l'autodétermination, proclamé dans divers textes solennels de déclaration de droits collectifs, est impliqué dans le fondement qui a rendu possible le pacte fédéral. Il suffirait de déterminer par un texte clair les conditions précises et les modalités techniques selon lesquelles ce principe peut s'exprimer par des voies démocratiques, soumises à nulles contraintes, aussi bien "intérieures" qu' "extérieures", pour le dégagement sans équivoque d'une volonté majoritaire dans un sens ou dans l'autre.

La reconnaissance du principe de l'autodétermination dans des unités fédérées de l'Etat fédéral canadien n'impliquerait pas l'approbation par avance d'un processus de sécession. Il ne contribuerait pas plus à l'accélérer qu'à l'arrêter. Son résultat essentiel dans l'ambiance trouble d'aujourd'hui serait de rasséréner l'atmosphère, en mettant toutes les autorités publiques du Canada devant leurs responsabilités essentielles du moment dans l'éventualité d'une situation pré-constituante désormais pensable, sinon fatale.

7

LA VÉNÉRABLE CENTENAIRE DU 1er JUILLET OU "LA VIEILLE DAME INDIGNE" (*)

La volonté se substituant à l'instinct, une des "spécialités" du Canada, c'est que ses citoyens s'efforcent de l'aimer. Ceux qui y arrivent, quoi qu'ils disent, n'en aiment qu'une partie, *leur* Canada. Après plus de cent ans de devenir *le* Canada apparaît comme une juxtaposition de sociétés régionales reliées de façon plus ou moins lâche entre elles en une structure d'association fédérale. Certaines de ces régions naturelles, le Québec, l'Ontario, la Colombie britannique, correspondent à des provinces-Etats fédérés; les autres régions naturelles des Maritimes et des Prairies se subdivisent en quatre et trois provinces distinctes. Cela fait un curieux puzzle.

Ne nous frappons pas trop. Pour deux raisons:

1) nous ne sommes pas la seule des constructions abracadabrantes de l'histoire, si nous en sommes probablement un des prototypes dans les temps modernes;

2) qui peut vraiment dans son existence vécue, citoyens ou gouvernants, historiens ou essayistes aussi bien du Canada anglais que du Canada français, assumer mentalement et volontairement cette réalité politique en sa plénitude? Cet invraisemblable pays a toujours entendu une multitude de monologues simultanés parfois en cacophonie, ou tout au moins de soliloques satisfaits ou se rassurant de leur isolement mutuel. Il aura fallu une centaine d'années, sous Pearson à partir de 1963, pour que s'engage enfin un dialogue essentiel.

(*) *Le Magazine Maclean*, juillet 1971.

Ces entretiens malaisés tournent, à différents paliers, autour de la réforme constitutionnelle. On se rend tout de suite compte d'un impératif et d'une limitation. Il faut la refaire, la Constitution; mais, nécessaire, cette pré-condition sera bien insuffisante à elle seule pour relancer un Canada plus viable. Avec ses cent quatre ans d'âge, notre Constitution est, selon l'expression courante, une "vénérable centenaire". Mais, pour beaucoup de Québécois, ce serait plutôt "la vieille dame indigne". Et comme le dit la chanson de Ferrat:

> *Faut-il pleurer, faut-il en rire?*
> *Fait-elle envie ou bien pitié?*
> *Je n'ai pas le coeur à le dire:*
> *On ne voit pas le temps passer...*

Si l'on s'efforce d'aimer un Canada idéal et hypo-thétique, on réussit fort mal à justifier une des plus mauvaises constitutions fédérales du monde. Les Canadiens réels valent autant que ce Canada hypothétique: mais la constitution canadienne est au-dessous de tout, des premiers comme du second. Tandis qu'un nombre croissant de Québécois francophones ont pris en grippe "la vieille dame indigne" comme si elle portait dans son sac toutes les valeurs anticanadiennes, des voix autorisées du Canada anglophone ont enfin commencé à reconnaître que le pas claudicant de la "vénérable centenaire" n'était pas destiné à s'améliorer avec l'âge. Mais tandis que le Canada anglais devient *bourassiste* (selon le prénommé Henri), le Québec français est déjà sollicité par le *lévesquisme* (celui de René, bien entendu). Non seulement deux tempos; mais deux choix différents à issues non convergentes. Deux précarités s'étaient jointes entre 1864 et 1867 dont l'emboîtement après plus d'un siècle n'a pas produit une construction politique solide. Le nationalisme canadien-anglais et celui du Québec ne sont pas dirigés l'un contre l'autre. Ils ne s'ignorent plus somptueusement; mais s'ils parlent, c'est à chacun d'entre eux plutôt qu'à l'autre. Et s'ils en viennent à se faire entendre, c'est à deux niveaux distincts quoique par l'intermédiaire d'un seul canal, le constitutionnel. Et la "vénérable centenaire" en prend à certains moments de presque aussi durs coups que "la vieille dame indigne"...

Le nationalisme du *One Canada* voudrait l'appui efficace et indispensable pour lui du Québec d'abord pour affirmer la *national identity* devant l'invasion aussi invisible et involontaire que réelle de l'économie américaine. Cela fait un réseau de relations triangulaires dissymétriques dont l'ambiguïté et l'hypocrisie même tiennent de celles du "triangle classique". C'est long, un peu beaucoup, une "crise d'identité nationale" qui dure plus d'un siècle.

On ne peut mettre en accusation l'Histoire vécue sans grandeur, les fondements géographiques implacables non plus que les impératifs économiques qui en découlaient. Mais les citoyens canadiens responsables et éveillés — ceci présupposant cela — ont des comptes à recevoir des gouvernants qu'ils ont mis en place. L'ampleur et la gravité du problème sont, comme diraient les "jargonneurs" universitaires, à la fois *méta* et *infra*constitutionnelles. Je le sais bien. Mais on pourrait espérer que le cadre constitutionnel et ses règles du jeu pipées ne soient pas une perpétuelle "circonstance aggravante" de nos difficultés nationales. Tout le monde n'est pas habité par un sentiment d'urgence. Pour l'heure, seuls les indépendantistes québécois veulent agir radicalement sur la situation fondamentale. Tous les autres, ce qui inclut encore une majorité de Québécois francophones, prétendent réformer le cadre constitutionnel, ce qui veut dire en principe maintenir le maximum de son contenant.

"Tous les autres...", j'exagère, car je sais bien que, dans leur existence quotidienne et sous la pesée des exigences économiques, la majorité des citoyens canadiens s'en f... de cette fort ennuyeuse question constitutionnelle, qui n'est en définitive "que de la politique..." Tandis que les fins de mois ou le rapport annuel de l'impôt vous *travaillent* davantage son homme que "la condition humaine" avec, au terme, la mort inéluctable. Mais il reste tout de même un joli paquet de Canadiens des deux langues, des deux sexes et de divers âges, à être préoccupés par ce type de questions: maintenir ou non un Canada au nord du 45° parallèle; maintenir ce Canada-là avec toujours un Québec dedans, mais qui devra de toute évidence être moins gêné à ses entournures fédérales qu'il ne l'est maintenant; accepter l'association d'un Québec indépendant avec les deux ailes d'un Canada occidental et d'un Canada oriental?

C'est de rien moins que cela qu'il s'agit déjà dans le court terme: d'un destin collectif à réinventer, et dont l'urgence domine les maux dont nous sommes affligés à l'instar d'autres sociétés occidentales et post-industrielles. Ce pays est-il prêt à payer les coûts divers d'une existence jusqu'à aujourd'hui maintenue artificiellement et même en pleine équivoque? "Le court terme", c'est l'éventuelle réélection de Monsieur Bourassa en 1974 après la victoire de Monsieur Trudeau en 1972. Dans l'immédiat, c'est "l'escale à Victoria" en juin avec son steeplechase constitutionnel. Sera-ce le déblocage attendu et qui aura déjà trop tardé, ou cette occasion peut-être *in extremis* sera-t-elle ratée? A la mi-avril, Monsieur Trudeau parlait de cette conférence comme "celle de la dernière chance". L'axe transitoire Duplessis-Hepburn de la fin des années 1930 se répétera-t-il sous la forme d'un nouvel axe Bourassa-Davis dont on perçoit déjà les premiers indices au début de mai? Cette convergence Québec-Ontario, qui fait plus que la moitié de la population et de la force économique· canadienne, marquera-t-elle le début d'une réintégration plus "fonctionnelle" ? Ou M. Trudeau confirmera-t-il l'accusation de ses adversaires acharnés d'avoir été atteint, avant l'âge, d'une "psycho-rigidité" dont l'effet le plus clair aura été d'avoir accéléré le mouvement qu'il prétendait inverser, tout au moins arrêter?

Le principe de l'autodétermination se pose moralement — et électoralement — d'abord au sujet des Québécois entre eux. C'est à un second degré et après qu'il se poserait éventuellement entre le Québec et les autres entités collectives qui forment le Canada. Ce principe est déjà reconnu au premier degré. Si le Parti québécois n'est pas une organisation subversive et illégale, il lui sera légal d'agir en accomplissement de son mandat si jamais il prenait le pouvoir. Mais "au second degré", tout le problème se poserait dans des conditions que, par euphémisme, on peut espérer "pas trop mauvaises". Mais l'ensemble de la situation actuelle doit déjà être qualifié de "préconstituante" — dont se trouve à faire un début de preuve l'existence même du comité du Sénat et des Communes sur la Constitution. La crise chronique du fédéralisme canadien a abouti, par des retards évitables, à une situation dont la solution est à la fois en deçà ou au-delà de la Constitution à réformer: condition nécessaire, mais à elle seule insuffisante, comme il a été dit plus haut.

Plus que jamais par le passé on perçoit clairement que l'arrangement historico-géographique de la chose Canada n'a jamais été autre chose qu'un équilibre entre des forces centrifuges de l'intérieur, qui ne s'étaient guère manifestées, et les forces magnétiques de la plus puissante nation au monde, qui continuent d'être aussi discrètes sur le plan politique qu'elles sont effectives sur celui de l'économie. La question d'aujourd'hui pour la réponse du demain pressant consiste à savoir si cet équilibre pourra se maintenir en quasi inertie, qui ne règle pas plus son inflation que son chômage, ses tensions ethniques que son *fractionalisme* régional. Faut-il reprocher à nos hommes

66

politiques de n'avoir pas le *génie* de dominer pareilles circonstances?

Collusion (honnête, sans faire tort aux autres!) ou collision du *Québec d'abord* et du *One Canada*. Le jeu de mots qui n'est pas heureux n'est pas vilain non plus. Il dit ce qu'il veut dire. A défaut de l'impossible fusion, il vaut mieux une collusion raisonnée que la sauvage collision. Chez plusieurs d'entre nous des deux bords de l'Outaouais, ce n'est pas encore une obsession. Mais c'est une crainte fondée — ne serait-ce qu'à cause des maléfices à retardement de "la vieille dame indigne"...

8

DU FÉDÉRALISME, DU NEUTRALISME, DE L'INDÉPENDANTISME ET AUTRES BRANCHISMES... (*)

N.D.L.R. (*Maclean*) — Dans le Journal de Montréal/Québec du 3 juillet 1971, M. René Lévesque commentait en ces termes le feuilleton de notre collaborateur dans notre numéro de juillet:

"Faut-il pleurer, faut-il en rire?"

Non, je ne parle pas des homosexuels ni des jeunes dames à poitrine talentueuse qui se raccrochent à l'indépendance pour se sentir moins négligés. Il faut de tout pour faire un pays — comme il y a de tout dans une province... C'est de la Confédération qu'il s'agit. Avec son BNA Act qu'un expert non -partisan, le prof. Gérard Bergeron de l'Université Laval, décrit comme "une des plus mauvaises

----

(*) *Le Magazine Maclean*, septembre 1971.

*constitutions fédérales du monde..." Et puis encore:
"la constitution canadienne est au-dessous de tout."*
(Magazine Maclean, *juillet 71). Se souvenant d'avoir été
naguère humoriste sous le nom d'Isocrate, M. Bergeron
dédie même à cette horreur politique le fameux quatrain
de Jean Ferrat:*
> *Faut-il pleurer, faut-il en rire*
> *Fait-elle envie ou bien pitié*
> *Je n'ai pas le coeur à le dire*
> *On ne voit pas le temps passer...*

A quoi l'on pourrait ajouter cette finale-joual:
> *Mais plus ça passe et plus c'est pire:*
> *N'est-il pas temps de se brancher...?*

Cet articulet a suscité au responsable de la rubrique
"Au risque d'être d'accord" les réflexions qui suivent.

◆

Le *branchisme* est-il la vertu politique suprême? Se
brancher, c'est être — et surtout le dire! — fédéraliste ou
indépendantiste. Pas d'entre-deux. Pour les *branchés* de
l'autre barricade, c'est commode. A l'étiquette officielle
s'ajoute le sobriquet péjoratif: "fédérastes" ou
"séparatistes" (ou "effelquistes", selon des lexicologues
distingués de notre digne Assemblée nationale). C'est
commode et surtout expéditif: d'un bord, les bons, les
durs, les vrais, les nôtres; de l'autre, les mauvais, les mous,
les faux, les autres.

On se reconnaît entre branchés. C'est sécuritaire.
La part d'insécurité des branchés, c'est l'incertitude qu'ils
nourrissent au sujet de l'évolution des non-branchés. Pour
un branché, il y a toujours trop de non-branchés. Ce
troupeau innombrable, c'est peut-être cette fiction
réconfortante d'une "majorité *silencieuse*", à laquelle on
confère la réalité statistique du grand nombre. Mais parmi
les non-branchés, il y a la "minorité *parlante*" — dont je suis.

Ce qui me vaut parfois l'honneur d'être mis en cause avec quelques autres non-branchés qui parlent et écrivent. Ils le font en n'engageant personne d'autre qu'eux-mêmes. Ce n'est en rien une garantie: le non-branchisme serait une tare, sinon une démission pour ne pas dire une trahison. Hors les églises branchistes, pas de salut. Mais le salut des uns est la damnation des autres branchés. De telles religions de salut exigent un purgatoire. Celui des non-branchés serait le vestibule alternatif du ciel ou de l'enfer politique, selon la lorgnette branchiste dont se sert le branché type dans sa manie discriminante. Ce dernier a raison: l'histoire se propulse par l'affrontement des branchés. Il aurait raison absolument s'il ajoutait qu'elle se fait encore sur le dos des non-branchés qu'il s'agit de *branchéiser* au maximum. Car la raison suprême en politique, c'est le nombre qui est l'argument de force ultime.

Donc, on a à l'oeil le non-branché parlant et écrivant à l'intérieur des deux cornes du branchisme intégral. Chez le branché, l'ambiguïté ne se cache pas toujours au niveau de ses motivations. L'ambiguïté du non-branché est là, donnée, objective, dans sa situation même. Quand il s'en explique, il ne peut aller très loin: il est trop auto-biographique, c'est-à-dire complaisant, et surtout inintéressant. Le branché a la supériorité du référentiel de la Cause, qui est collective, mais de la façon d'en parler il est tout autant autobiographique que le premier. Cela fait autant d'impudeur, consciente chez le branché, subconsciente chez le non-branché.

Au Québec, le branchisme, en train de devenir endémique, fait des ravages, mais n'a pas encore atteint la phase de l'intolérance généralisée. Le non-branché peut encore parler ou écrire. Mais semblent devoir devenir une espèce assez rare les non-branchés spécialement bavards qui peuvent encore s'adresser, avec la crédibilité qu'il faut, aux branchés des deux bords. Mon propos vise moins à étaler ma bonne conscience de non-branché qu'à vouloir montrer l'utilité, dans une société en processus de *branchéisation*, d'esprits qui refusent l'unilatéralité, la partisanerie, le manichéisme politique, bref le branchisme intégral et sans retour. L'utilité est beaucoup moins certaine pour la société, qui n'est qu'une masse diffuse, que pour les branchés et branchistes de tout poil parce qu'elle devrait *les forcer à réfléchir*.

◆

Etablissons quelques points clairs et nécessaires comme des axiomes:

1. Ce sont les branchés qui font marcher les sociétés;
2. Le non-branché par exigence de rigueur pour lui-même doit prescrire le branchisme pour les autres;
3. Quand il sera prêt à se brancher il devra le faire selon le même impératif de sa prescription "pour les autres";
4. Tant qu'il ne le sera pas, il devra poursuivre sa recherche à son rythme propre sans que les branchés impatients ne le bousculent.

Au-delà, c'est de la vie intérieure, de l'autobiographique dont je viens de dire le caractère "inintéressant". Des goûts intellectuels depuis toujours avec d'heureux aléas de carrière ont fait de vous un professeur de science politique et un analyste d'actualité. Vous parlez un peu, vous écrivez beaucoup. Après x temps, cela fait une audience que certaine crédibilité entretient sans la garantir indéfiniment. Vous pouvez encore parler aux branchés des deux bords. Vous ne leur parlez pas en stricte symétrie selon un impossible neutralisme, mais selon une nécessaire non-partisanerie dont vous vous êtes fait un premier devoir. Vous ne montez pas sur vos grands chevaux idéologiques. Vous n'invoquez pas votre objectivité, sachant bien que votre non-partisanerie est fortement subjective (sans évoquer vos autres limitations personnelles). Vous *cognez* à gauche et à droite, sur ce point-ci ou sur cette question-là que l'actualité fait émerger. Vous essayez de savoir où *ça marche*, ce qui est en train de se mouvoir à travers erreurs tactiques et fautes d'appréciations, mensonges démagogiques ou faiblesses de programme. Vous tâchez surtout d'éclairer votre lanterne. Certains de ses reflets de lumignon peuvent aider ceux qui livrent les grandes bagarres. Dur pour les politiques, vous tâchez de faire montre de compréhension pour les politiciens qui méritent encore le respect.

Il en faut des "comme ça" dans une société, mais pas trop nombreux! A cause de la rareté, c'est peut-être même précieux. L'idéal inaccessible serait d'en être de cette société et de pouvoir en parler comme n'en étant pas. De pouvoir garder la tête froide sous le coeur chaud et le plus possible de ses humeurs sous contrôle. Ça donne ce que ça donne, mais c'est peut-être une forme d'engagement intellectuel plus exigeant que le branchisme, avec sa "chaleur du foyer" partisan. Quand quelqu'un se branche c'est de l'information documentaire sur ladite personne. Mais quand il dit *pourquoi* il se branche ou refuse de le faire, ou *en quoi* réside sa difficulté de se brancher, c'est de la matière à réflexion et parfois même des éléments nouveaux d'une situation plus large que lui. Ajouter un partisan de plus ne compense pas la perte d'un analyste non partisan.

Ce sont là propos entre fervents et non entre tièdes ou velléitaires qui se donnent des alibis nobles. C'était la convention de départ de ce papier. A défaut d'avoir été acceptée, nous aurions tous perdu notre temps.

Au théâtre, le comédien n'est habituellement pas celui qui signe le feuilleton de critique dramatique le lendemain. Il y a des rôles difficilement compatibles, comme celui de l'observateur-participant d'une société qui l'intègre. Le sociologue est d'abord citoyen. Mais il n'est pas un citoyen comme les autres. Il risque des tiraillements plus profonds ou constants que l'homme d'action en instance de partisans toujours plus nombreux. Il faut de tout pour faire un monde. Il en faut même pour ne pas se brûler trop tôt dans le feu de l'action. Le plus dur est à venir.

Le test suprême de l'indépendance collective à forger sera dans la re-création des conditions quotidiennes, réelles et vivables de l'exercice de libertés intellectuelles encore plus fécondes et élargies. La toute première de ces conditions est de pouvoir penser en dehors des schémas branchistes — rimant avec "simplistes".

Elle a duré assez longtemps cette histoire aliénante et abracadabrante, pendant laquelle nous étaient assénées des orthodoxies que nous venons de secouer. Après tous ces "ismes", le branchisme à tout prix, conçu comme vertu politique suprême, contredit la vie même en ses libres spontanéités.

L'air politique qui se pollue même pour les plus nobles motifs est encore le résultat d'un phénomène de pollution. Dépolluer un environnement coûte toujours plus cher que les frais de la prévention de la pollution.

9

DIALOGUE ENTRE LE COEUR ET LA TÊTE (*)

Le coeur: Le réconfortant, c'est que de plus en plus de Québécois commencent à l'avoir dans le ventre la question de l'indépendance.

(*) *Le Magazine Maclean*, avril 1972.

La tête: C'est aussi inquiétant. Une politique doit avoir un autre fondement que viscéral. Au ras de nos journées, ce ne sont pas les tripes seules qui dictent les mille et une décisions qu'on prend.

Le coeur: Au niveau le plus élémentaire, une question d'identité se pose: savoir qui l'on est pour déterminer ce qu'on veut.

La tête: L'identité, elle, a toujours été assez forte pour créer en notre pays un problème spécifique. On nous a toujours reconnus comme différents lors même que nous affirmions mal ou très mollement nos différences. Notre histoire a été ponctuée par la reconnaissance d'une série de "statuts particuliers".

Le coeur: C'est précisément cela qui doit cesser: nous ne sommes pas une somme, une accumulation de "statuts particuliers" — qui ne nous étaient d'ailleurs pas tous favorables.

La tête: Se reconnaître en son identité propre, c'est aussi prendre une mesure exacte de ses limitations. Mais je conviens bien qu'il ne faut pas partir d'elles, ni d'elles seules.

Le coeur: N'est-ce pas ce que nous avons toujours fait? Avons-nous tellement pensé à nos capacités?

La tête: Voilà que vous arrivez sur le terrain du calcul des risques, de la rationalité de la décision.

Le coeur: Il y a une belle, une terrible rationalité dans la décision d'être libre!

La tête: "... belle...," mais aussi "... terrible...", comme vous dites. Tout le problème consistant justement à savoir si la beauté du risque peut compenser les effets peut-être assez terribles qui en découleront. Une fois que le bateau sera engagé sur la pente savonnée, il sera trop tard pour savoir s'il peut prendre la mer, affronter les vagues, pour le jauger. Un naufrage, ça se prévient.

Le coeur: Un naufrage, ça ne se décrète pas non plus. Il y a la mer inévitablement agitée, la force des vents, mais aussi la solidité du bateau dont nous commençons à peine à faire les devis.

La tête: Laissons là cette métaphore marine.

Le coeur: Revenons sur la terre ferme. Nous ne voulons plus constituer un "problème spécifique" — pour employer votre expression de tout à l'heure — par l'affirmation même de notre identité. Au mieux, nous sommes condamnés à n'être jamais qu'une minorité, alors que nous sommes une majorité chez nous, au Québec.

La tête: Je vous concéderais volontiers que "les autres" n'ont pas eu l'élégance de ne pas nous faire sentir que nous étions une minorité. Voyez le *civil service* d'Ottawa, le *downtown Montreal*, où tout ce qui était important se pensait, se disait et s'exécutait en anglais.

Le coeur: Et je m'empresse d'ajouter avant vous que tout cela est en train de changer! Mais il y a fallu passablement de pétards après un siècle de Confédération pour en arriver là. De toute façon, c'est trop peu et trop tard.

La tête: Ceux d'en face, plus gros et plus forts, n'ont pas tellement mauvaise conscience de l'inquiétude qu'ils ont besoin de plus petits qu'eux. Sans nous, ils n'ont plus guère de raison d'être à l'étage supérieur de l'Amérique du Nord.

Le coeur: Je sens venir l'argument: sauvons-les, eux les plus gros, par nous les plus petits!

La tête: Ce n'est pas "l'argument". Il y a une mobilité nouvelle dans l'aménagement du destin collectif canadien. Il s'agirait de jouer à fond cette carte-là, la dernière, avant de se précipiter tête baissée dans l'aventure, de toute façon, fort risquée.

Le coeur: D'autres peuples que nous, plus démunis et plus malmenés par l'histoire, l'ont tentée cette aventure.

La tête: Mais elle ne se termine pas toujours bien. Tout est question de contexte international, de voisinage immédiat, de consensus intérieur suffisamment large pour tenter la grande aventure.

Le coeur: Quant au consensus, il est en train de se forger. Lorsqu'il sera "suffisamment large", il inversera les circonstances défavorables du contexte et du voisinage.

La tête: Je voudrais partager ce *wishful thinking*. Mais j'avoue qu'on ne peut pas, non plus, administrer la contre-preuve. Surtout à long terme.

Le coeur: En attendant, nous continuons à flotter en pleine schizophrénie collective. "Canadien français" veut dire deux moitiés d'être plutôt qu'un être double, ce qui pourrait s'entendre comme un enrichissement.

La tête: Alors qu'il serait plus simple et vrai de se définir comme "Québécois". Mais sans parler du cas des Canadiens français d'outre-frontières pas tous voués à disparaître (Acadie, Nord-Est ontarien), il y a encore celui des Québécois non francophones qui ne seraient pas des *otages* faciles.

Le coeur: On n'est pas d'abord chargé de la responsabilité des cousins éloignés ni des voisins immédiats.

La tête: "Le coeur a ses raisons...

Le coeur: "... que la raison ne connaît pas"!

La tête: Je m'étonne que vous n'ayez pas encore invoqué le seul argument objectif, et à ce titre irréfutable: nous n'avons plus la force du nombre. Or je crois qu'aucun exemple historique ne contredirait ce fait de logique élémentaire: un groupe ethnique minoritaire, qui voit sa proportion diminuer dans un tout plus vaste qui l'intègre, peut-il espérer maintenir l'influence relative qu'il y a encore?

Le coeur: Je ne le vous fais pas dire. Vous évoquez le long terme. C'est cela qu'il faut commencer à assurer pendant que nous en avons encore les moyens. Ne trouvez-vous pas qu'il serait bon que nous changions de "complexes" ? Laisser tomber ceux du minoritaire aliéné, *passéiste* et fataliste, pour les remplacer par ceux des Etats nouvellement indépendants. Après deux siècles, ça nous changerait.

La tête: Si l'aventure ne tourne pas mal, à court; si l'opération est faisable; si nous avons les moyens moraux d'en supporter les coûts divers pour cette génération et l'autre qui suivra.

Le coeur: Nous risquons d'être encore plus malheureux si nous n'essayons jamais. Il ne suffit pas "d'avoir de la tête"...
La tête: "... il faut aussi du coeur". Les deux sont même nécessaires, *et en même temps*, pour faire un HOMME.

10

LETTRE À RENÉ LÉVESQUE (*)

Mon cher René,

L'an dernier à pareille date, c'est à un autre ami, que j'avais "bien connu dans le temps" aussi, que je m'adressais dans ces colonnes. Je n'ai pas l'intention d'en faire un abonnement annuel. Mais il est telles occurrences qui commandent de déborder les limites de l'intimité. A celui qui avait décrété, d'un ton pour le moins autoritaire: "finies les folies!" je le priai de ne pas y ajouter les siennes, lui qui venait tout juste de déployer la ferraille de son artillerie encore légère, le temps d'un week-end lumineux et oppressant d'octobre 1970.

A l'automne 1971, c'est en novembre que nous aurons connu notre Octobre. (La Révolution d'Octobre 1917 s'est produite en novembre en notre calendrier — comme j'en ai déjà entendu la réflexion qui se voulait spirituelle.) Nous ne sommes pas en révolution. Il n'est guère que certains esprits en surchauffe pour faire la Révolution verbale. Nous ne sommes pas en période révolutionnaire. Pas encore. Il faut davantage, c'est-à-dire pire: une escalade du pire justement, montant des deux bords. Mais nous sommes peut-être en période pré-

_____

(*) *Le Magazine Maclean*, février 1972.

révolutionnaire. C'est-à-dire en une phase malaisée pour tout le monde où les séquelles d'un faux pas d'aujourd'hui peuvent être débridées demain. Heureusement, il n'est pas trop tard.

Et j'enchaîne: heureusement, tu es là. Heureusement, après en avoir eu la tentation en des jours dépressifs, tu n'as pas démissionné. Heureusement, la crise d'octobre 70 a rechargé tes batteries. Le Parti québécois est encore respectable et même au sens positif qui impose le respect. Heureusement. Car, s'il n'existait pas, il faudrait l'inventer ou quelque chose qui lui ressemblerait.

Un homme qui existait sans la politique s'est trouvé, en fidélité à lui-même, à devoir se donner un parti. Des partisans, épars et même parsemés, sont entrés dans ce parti et ont reconnu en son président leur chef. A point nommé le Parti québécois naissait. Il ne comblait pas un vide. Il ralliait des présences. Il prenait place. A côté des gestionnaires, ou fiduciaires, des ordres trop bien établis d'Ottawa, Québec et Montréal, une force politique montait. N'aurait-elle eu qu'un rôle d'inquiétude auprès des pouvoirs que cette nouvelle formation justifierait les dévouements et ferveurs qui peuvent seuls la soutenir. Elle est surtout une solution de rechange dans "une société qui ne s'appartient pas encore" selon l'expression du manifeste du parti à la fin novembre. Mais c'est ainsi, alors que "le dénouement approche", que tout risque de se gâcher.

Car ne manquent pas les gens de toutes espèces pour sauter dans un train en marche qu'on n'attendait plus. Il y a aussi à bord les "missionnaires de la table rase qui grenouillent dans les chapelles marginales de la révolution-mirage", ceux qui sautent à pieds joints et à poing tendu dans "l'illusion des raccourcis" et qui n'ont "d'autre but que l'utopie la plus irréalisable (car tout ce qui est réalisable est d'un ennui mortel)". Bref, l'agiotage et le cassage de baraque ne sont pas une politique: plutôt une drogue du moment pour engourdir des problèmes strictement personnels. Reflet tardif d'une aliénation collective en même temps que conséquence directe d'un premier sursaut pour en sortir, le groupe que tu diriges n'est toutefois pas le lieu d'un psycho-drame à vocation d'assistance sociale.

C'est un *parti*. Mais un parti *démocratique*. Et qui doit devenir *populaire*. Dans la mesure où il remplira ces trois conditions, il justifiera son nom. Il ne peut vaincre qu'à cette triple condition. Tous les tiraillements des derniers mois causés par les fausses antinomies de l'indépendance d'abord ou du social prioritaire, de la stratégie ou de la tactique, du risque électoral ou de la *manifestationite*, etc... sont des crises de puberté. Comme telles, inévitables. Indépendantisme politique *et* réformisme social sont le recto-verso d'un même projet par lequel le P.Q. a déjà conquis son droit à exister.

Depuis le premier affrontement de l'époque M.S.A. sur l'unilinguisme jusqu'à la manifestation syndicale contre *la Presse*, le président du parti n'a pas flanché. D'une part, s'occuper des "plus démunis" car "la moindre parcelle de réforme sera toujours précieuse pour ceux qui en ont besoin" — pour continuer à citer votre dernier manifeste. De l'autre, dénoncer tout "flirt ambigu" avec la violence "non seulement parce qu'elle s'oppose foncièrement à notre façon d'agir, mais qu'elle est humainement immorale et politiquement sans issue." Pousser la lucidité jusqu'à admettre le manque d'approfondissement "d'un programme sur lequel on n'a pas sérieusement travaillé depuis 1969," c'est faire preuve d'une politique à visière levée.

Le parti est plus large que son président-fondateur, qui le sait. Mais la façon dont il a affronté les soubresauts en a fait la conscience vivante. Cela, on le sent à l'intérieur de P.Q. Mais cela doit aussi être dit et reconnu en dehors de ses instances. Si le chef flanche, si le parti s'émiette à l'image du peuple dont il veut rassembler les forces vives, c'en est fini de tout réflexe vital pour au moins une génération. L'inconvénient avec la violence, c'est qu'elle déchaîne la contre-violence qui peut se payer le luxe d'être cynique dans sa moralisation du dernier mot qu'elle détient toujours. En attendant, la *mobocracy* n'est pas un succédané à la démocratie même si on en a pipé quelques dés. Les autorités sont là, en place et pour rester en place en tant qu'autorités. Mais, elles doivent savoir autrement que par du cassage de barraque qu'il y a une *légitimité* au-dessus d'elles, chargées qu'elles sont et de façon provisoire du strict devoir de *légalité*. Mais taquiner la légalité, et si c'était possible jusqu'à l'affoler, ne fondera jamais une légitimité nouvelle.

Mon cher René, ta ferveur frémissante sera toujours plus vraie que "leurs excitations", à ceux de ta famille trop turbulente et aux autres des pouvoirs d'en face trop bien assis. Te tiennent lieu de premières sécurisations de ton doute intérieur: l'obsession de l'efficacité immédiate (disons le mot, électorale) en même temps que certaine élégance de non injustice dans l'action à long terme.

Sachant le poids des mots, je ne crains pas d'ajouter qu'il y a de la grandeur dans cette attitude sans l'ombre d'une compromission et souvent à rebrousse-poil. Tu n'as plus le choix de cesser d'obéir à l'instinct de conservation du groupe pour lequel tu proposes un projet d'épanouissement. Ne flanche pas!

Deuxième partie

LE TOURNANT DU
15 NOVEMBRE 1976

11

IL Y A TOUJOURS UNE "DERNIÈRE CHANCE" (*)

Quand, il y a vingt ans, j'intitulai un article sur "la dernière chance" des Libéraux devant un Duplessis nouvellement réélu (*le Devoir*, le 31 août 1956), j'étais loin de penser à la trop bonne fortune de l'expression. Depuis quelques années, il est de mise de dramatiser les situations politiques en lésinant sur "la dernière chance" d'à peu près tout et tous, de celle du destin du Canada à celle du sort personnel de M. Camil Samson.

Une dernière chance chasse la précédente et prépare le lit d'une nouvelle dernière chance. Il y a toujours une dernière chance comme il y a inévitablement un stade plus récent à une évolution qui ne s'arrête pas. On a la dernière chance de ses préférences inquiètes.

Ce n'est pas dire que toutes les chances se valent. La chance de l'un est la malchance de l'autre et vice versa. En outre, les mêmes chances *s'usent;* elles n'ont pas de modes indéfinis d'emploi. Ce sont enfin des situations inconnues qui détermineront quelles chances étaient dernières ou pas.

Mais il est des dernières chances qui s'équivalent. C'est lorsqu'elles se renvoient mutuellement et sous le même rapport. La dernière chance de la Confédération peut être dans la non prise du pouvoir par le Parti québécois. Mais la dernière chance du Parti québécois peut s'exprimer autrement que par la seule rupture du pacte fédératif. La dernière chance de la Confédération n'est pas restreinte au destin politique de M. Trudeau à la tête des libéraux fédéraux puisque le remplaçant probable, M. Clark, ne manquera pas de s'appliquer à assurer le maintien du régime.

(*) *Le Devoir*, le 6 novembre 1976.

La même question posée au sujet de M. Bourassa ne comporte pas la même réponse. L'équipe de remplacement en ce cas est celle de M. Lévesque; elle n'a précisément pas été levée pour perpétuer "le régime en *split-level* de la Confédération". La dernière chance *québécoise* au maintien de la Confédération pourrait être ailleurs que chez les libéraux de M. Bourassa si — et seulement si — une autre force fédéraliste pouvait efficacement s'interposer entre les deux principales formations.

Pour l'heure, aucun centre d'agrégation d'une telle force n'existe: ç'aurait pu être les débris éparpillés de l'ancienne puissance réelle de l'Union nationale à travers l'ensemble du Québec; mais les effectifs partiels de M. Choquette, régionaux de M. Samson, locaux de M. Auf der Maur n'ont pas rallié la houlette de M. Biron. S'il y avait de ce côté une dernière chance, au-delà de l'avant-dernière de M. Bourassa, ce n'est certes pas encore apparent.

◆

Le résumé de tout ce qui précède pourrait se dire ainsi: l'enjeu *fondamental* de la présente lutte est l'indépendance du Québec (ou vice versa le maintien de la Confédération) et cette lutte se livre entre Messieurs Lévesque et Trudeau par M. Bourassa interposé. Que ces deux derniers ne se soient pas choisis comme alliés ne change rien à l'affaire. Mais l'enjeu *immédiat* est la prise de pouvoir par l'un des deux seuls partis susceptibles d'y arriver et M. Trudeau n'est plus alors qu'un spectateur, mais disons hautement intéressé et privilégié. Tout tourne donc autour du Parti québécois, aussi bien aux *périphéries fédérales* de Messieurs Trudeau ou Clark, qu'aux *agrégats intérieurs* de Messieurs Biron, Choquette, Samson et Auf der Maur.

En 1970, le Parti québécois fit ses premières preuves

comme parti *électoraliste*, en se montrant capable de faire élire des députés. En 1973, il s'affirma comme le parti de *l'opposition officielle*. Son défi consiste maintenant soit à prendre *le pouvoir*, soit à confirmer sa force comme le seul parti d'opposition qui compte. S'il n'est pas certain de décrocher le premier objectif malgré des résultats favorables de divers sondages, le Parti québécois semble presque assuré d'atteindre le second.

Le calcul de M. Bourassa en précipitant la tenue des élections est bon ou mauvais. Il serait bon si, en gagnant de vitesse les tiers-partis, les voix qui seraient normalement allées de ce côté ne lui avaient pas été enlevées. Il serait mauvais si ces voix négatives se portaient plutôt, en forte concentration, sur le Parti québécois ou, éventuellement, sur celui de l'Union nationale. En cette seconde hypothèse, il aurait contribué à consolider son principal rival ou à grossir un nouveau noyau d'opposition.

Une fois de plus, le vote flottant des indécis sera l'élément décisif. Vers quel parti tendra-t-il à se diriger? Du côté du parti du gouvernement lorsqu'il n'y a pas d'insatisfaction fondamentale à son sujet ou lorsque le principal parti d'opposition ne rassure pas. Du côté de ce dernier parti, plutôt, lorsqu'il ne fait plus peur et ne suscite pas au même degré les réticences de naguère. L'effet de nuisance des votes que va drainer l'Union nationale, joint à la proportion inconnue des abstentionnistes, empêchent pour l'instant de parier auquel des deux grands partis profiterait cette assez large disponibilité de l'électorat.

◆

Le propre d'une stratégie efficace, c'est d'être confondante pour l'adversaire, sans être confuse en elle-même. La stratégie du Parti québécois est d'apparence paradoxale en mettant entre parenthèses l'étape de l'indépendance. Elle peut paraître confuse pour passablement d'électeurs. Elle n'est pas confondante pour les libéraux qui devaient s'y attendre depuis le débat sur "l'indépendance par étapes" et la propagation de l'idée du référendum.

La stratégie du Parti libéral est claire lorsqu'il exploite le ressentiment populaire contre les syndicats. Elle est confuse au sujet du "mandat clair" pour les prochaines rencontres constitutionnelles. Elle se voulait confondante pour les péquistes en les prenant de revers sur leur propre terrain du statut du Québec. Finalement, les partis ne se trompent pas l'un par rapport à l'autre, mais l'un et l'autre peuvent mal évaluer le terrain: en l'occurrence, l'électorat, c'est-à-dire vous, moi, tout le monde.

Car la dernière chance est en nous. Le jour où cela changera, ce ne sera plus la peine d'aller voter.

12

POURQUOI VOTER POUR LE PARTI QUÉBECOIS SI VOUS EN AVEZ ENVIE — ET VOUS AVEZ PEUT-ÊTRE RAISON! (*)

Votre cas est simple si vous croyez que nos maux proviennent en grande partie du "carcan fédéral", que l'indépendance du Québec aurait dû être faite depuis longtemps et qu'il est enfin temps d'agir comme un "peuple majeur", etc... Vous êtes un indépendantiste décidé et irréversible.

Ce sont les autres raisons que je veux explorer aujourd'hui, celles qui, lors des scrutins précédents, rendaient des électeurs réticents à voter pour le parti

_____

(*) *Le Devoir*, le 6 novembre 1976.

"séparatiste", comme aiment naturellement à le qualifier les libéraux.

Si vous avez envie de "voter péquiste" cette fois-ci, c'est pour l'une ou l'autre de ces deux raisons: soit pour donner une forte opposition au Parti libéral qui vous semble devoir retourner au pouvoir, ou encore pour remplacer le gouvernement actuel, qui ne mérite plus d'y rester, par une nouvelle équipe du Parti québécois (en attendant l'étape du référendum qui permet de réserver l'option sur l'indépendance jusque là).

Dans ce premier cas, un vote péquiste se justifie d'abord pour des raisons de système, d'équilibre entre un pouvoir trop fort et une minorité parlementaire trop faible; une centaine de sièges contre une demi-douzaine! C'est une situation mauvaise pour tous et spécialement pernicieuse pour le parti qui bénéficie outrageusement d'une telle disproportion. C'est lui rendre également service que de le ramener à une taille moins encombrante, de transformer le dinosaure en cheval de labour qu'on puisse commander ou fouetter, s'il se prend d'indolence.

En gros, après les sept députés péquistes de 1970, les six de 1973 ont fait merveille, mais au prix de surmenage personnel et d'improvisation obligée. Il y a maintenant un style et une espèce de *know how* du comportement parlementaire des députés péquistes. Une telle situation de parcimonie entraîne à l'économie des efforts et des moyens mais n'est pas soutenable indéfiniment.

Indépendamment de toute autre considération, il est d'urgence démocratique que le gouvernement soit surveillé de près par une opposition nombreuse, alerte et agressive. La qualité moyenne des candidats du Parti québécois rend cet objectif réalisable. Le plein des votes indépendantistes doit pouvoir se gonfler pour permettre à un fort contingent de députés péquistes de pouvoir agir en opposition efficace et en gouvernement en devenir. C'est un minimum pour que notre vie parlementaire ne rappelle plus l'ambiance vaudevillesque des jours mauvais du duplessisme triomphant.

C'est un autre minimum que des courants profondément réformistes de notre population s'expriment là où ça compte, tout près d'où se prennent les décisions engageant la collectivité. La situation de sévère sous-représentation parlementaire crée une situation de nature explosive (même sans l'explosion). Si l'on pouvait agir sur les sortilèges arithmétiques qui rendent possibles de telles distorsions, il faudrait prôner l'objectif de 20, 30, 40 ou 50 députés d'opposition pour que ceux du pouvoir se sentent continuellement surveillés, inquiétés même. Il ne semble pas que beaucoup de députés oppositionnistes puissent venir d'autres formations que du Parti québécois.

Mais il arrive que cette philosophie des "coups de semonce" ou du "chien de garde" dépasse l'objectif plus ou moins consciemment poursuivi. C'est ainsi que M. Stanfield a failli battre M. Trudeau il y a quatre ans, que M. Johnson a effectivement battu M. Lesage il n'y a pas si longtemps. Le besoin ressenti d'une forte opposition peut installer le Parti québécois au pouvoir. Ce serait le premier enclenchement du long, et fatalement dur, processus vers l'indépendance.

Nous touchons ici le débat le plus inflammatoire au sein des instances du P.Q. avec l'épineuse question de la langue. Mon propos actuel n'est pas traité sous cet aspect de la cohésion interne du parti.

D'un point de vue extérieur, le principe clairement formulé de *l'étapisme* a transformé le Parti québécois en formation nettement *électoraliste*. Je ne dis pas "Pourquoi pas?", mais plutôt qu'il n'en pouvait être autrement, à point nommé, lorsque ce parti passerait à travers ses crises infantiles et aurait le courage de sa propre maturation. Ce résultat a été rudement acquis ces toutes dernières années.

C'est la question pourtant simple du rapport de la fin et des moyens. Le P.Q., jusqu'à maintenant, n'accepte pas la perversion des moyens pour la transcendance présumée de la fin. Si donc les moyens doivent rester intégralement et exclusivement *démocratiques:* l'indépendance doit être acquise selon les règles d'un jeu scrupuleusement respectées, à commencer par celles qui rendent le jeu spécialement ardu. Pour faire court, cela veut dire: organisation de parti (c'est fait), victoire électorale et prise de pouvoir (c'est à faire), tenue d'un référendum et proclamation d'indépendance (à faire en étapes subséquentes). Cette séquence est aussi inévitable que claire.

♦

C'était plus important de distinguer nettement les deux phases, prise du pouvoir et avènement de l'indépendance, que de jongler avec les nuances verbales entre le "séparatisme" et l' "indépendantisme". Il était nécessaire que les leaders du P.Q. se lient à cette valeur morale toute première de faire les choses proprement, que cela soit aussi annoncé à *qui de droit* (ce qui dans mon esprit comprend beaucoup, beaucoup de monde), et qu'il soit clairement entendu que l'exigence quant aux moyens est à ce point rigoureuse qu'on accepte lucidement le risque d'ajourner l'obtention de la fin ou même d'y renoncer.

L'application de cette règle de nécessité devient un acte de grande politique. Le *qui de droit* ne pourra pas employer n'importe quels moyens pour contrer l'évolution vers l'indépendance à sa phase décisive. Un événement de cette importance ne peut se produire de façon équivoque ou dans la confusion.

Il doit s'accomplir au terme de deux consultations: électorale, pour l'accord sur l'instrument; l'autre par voie de référendum, pour l'assentiment sur la substance du choix. Ce dégagement de deux majorités concordantes est la condition minimale pour prévenir des soulèvements intérieurs ou des interventions extérieures. En deçà de ce minimum, c'est la pagaille et l'appel à la répression (on n'a qu'à regarder "tout autour" et se souvenir de tel automne plus ensoleillé que celui de 1976).

Pour avoir réclamé depuis les jours héroïques du R.I.N. des éclaircissements sur le *Comment l'indépendance*, je dois reconnaître que le P.Q. de 1976 a fait preuve d'une responsabilité austère, quoique à rendement électoral, en s'engageant à isoler l'option globale de l'indépendance des luttes et avatars électoraux. Idéalement, il faut davantage: par le principe du référendum, il n'est encore qu'impliqué que les opinions hostiles à l'indépendance pourront s'exprimer et faire des adeptes; il faudrait que le P.Q. majoritaire ou pluraliste à l'Assemblée nationale, garantisse explicitement le droit à telle expression. On ne saurait, toutefois, réclamer qu'un gouvernement péquiste préside de façon détachée aux durs affrontements auxquels cela donnera lieu...

◆

Ces considérations manquent d'envol pour l'indépendantiste instinctuel, "décidé et irréversible", auquel j'ai fait allusion au début. Ce n'est pas à lui que ce papier s'adresse, mais aux sympathisants qui ont envie de voter pour le Parti québécois, mais que l'aventure indépendantiste retient au bord de l'adhésion. (Il ne manquera pas de péquistes dans les diverses instances de leur parti pour entretenir la "flamme indépendantiste", l'empêcher de trop vaciller au point de s'éteindre: c'est le type de défi que se fait à lui-même un parti idéologique.)

Les adhérents de fraîche date ont besoin de savoir qu'ils pourront se raviser s'ils se rendent compte qu'il y a peu d'avenir dans la poursuite de l'indépendance jusqu'au bout. Personne n'est contre l'indépendance, comme nul n'est contre la vertu ou la liberté. Mais tout le monde a besoin de savoir que l'indépendance est possible. Quand je dis "tout le monde", j'inclus Messieurs Bourassa et Trudeau et les autres premiers ministres canadiens.

L'argument le plus péremptoire de M. Bourassa aux prochaines conférences constitutionnelles serait de pouvoir dire: "Voyez les "X" députés péquistes à l'Assemblée nationale. Si je n'obtiens pas ce que je réclame, avec eux vous pouvez être sûrs que ce sera *pire*".

Ou, selon mon indépendantiste "décidé et irréversible" de tout à l'heure, "ce sera *mieux!*" Evidemment, c'est selon.

13

POURQUOI VOTER POUR LE PARTI LIBÉRAL SI VOUS NE POUVEZ FAIRE AUTREMENT — ET ÇA POURRA TOUJOURS SERVIR! (*)

Si le Parti québécois n'existait pas, il faudrait l'inventer. Si le Parti libéral disparaissait, il faudrait le ré-inventer. La réanimation laborieuse de l'Union nationale montre assez qu'un ancien grand parti renaît péniblement de ses cendres. A moins de naviguer à bord de cette galère du Parti libéral, on lui avouerait difficilement un attachement frénétique.

Ce n'est pas à cause de ce qu'il est, ni même de ce qu'il était encore récemment qu'il faut souhaiter au Parti libéral une existence robuste. C'est à cause de son caractère indispensable dans la conjoncture actuelle et de son rôle très difficilement remplaçable dans un avenir prévisible, que le Parti libéral doit survivre. Certes, les libéraux ne seront pas écrabouillés cette fois-ci; il ne manque pas d'observateurs qui les reportent déjà au pouvoir avec une

_____
(*) *Le Devoir*, le 6 novembre 1976.

avance confortable, sans être aussi scandaleuse que celles de leurs victoires de 1973 ou de 1970.

Je me situe d'emblée dans une hypothèse, imprécise mais prévisible, où le P.Q. au pouvoir engage le processus de l'indépendance. Ce parti devra être serré de très près par une opposition autre que les différents courants de critique interne qui *travailleront* alors ce parti. Plus exactement, je me méfie des ambiances de "fierté et d'exaltation nationales" dans une "unité enfin trouvée", etc. Cela serait beau à voir, ferait du bien, un temps, à notre québécité, mais il ne faudrait pas que l'indépendance se présente comme "un remède de cheval" qui tue le démocrate dans le Québécois nouvellement indépendant. Pour l'heure, la foi démocratique agissante et sincère, celle même qui coûte cher à la cause, est manifeste dans le leadership officiel du Parti québécois. Cela pourrait être moins évident dans l'hypothèse que je considère.

Au fond de ma pensée, il y a une crainte que j'avoue tout de go: je ne voudrais pas que les *Autres*, les *Ailleurs*, auxquels on pense naturellement, viennent mettre le nez — et bien davantage — dans nos affaires qui seront suffisamment compliquées alors. (Je pense à bien autre chose que la perte d'investissements de l'étranger, que M. Bourassa, en "économiste pragmatique", nous rappelle toujours.)

Il faudra que la marche vers l'indépendance soit contrôlée le plus possible par des mécanismes d'auto-régulation de la société québécoise elle-même. Il faut enlever à quelque *Extérieur* que ce soit la justification d'intervenir pour imposer "son ordre" si nous laissons la situation intérieure évoluer en désordre. L'opposition interne au parti de l'indépendance ne suffira pas. Il faut, en face de lui, une opposition externe, rangée et disciplinée, pour que le sens profond de la responsabilité collective des leaders actuels du Parti québécois ne risque pas d'être débordé à l'intérieur du parti. Il y aura tout au long de cette marche à l'indépendance la nécessité de cette double équilibration, interne et externe.

Un événement de cette importance ne serait pas sans amener des perturbations orageuses et des soubresauts profonds en ce coin de l'Amérique du Nord où nous sommes situés. S'il est intolérable que l'extérieur nous raconte des histoires de croque-mitaine, il ne serait pas plus souhaitable qu'à l'intérieur nous nous racontions des histoires ou toutes roses ou toutes noires. Entre nous, Québécois, ce ne serait déjà pas une aventure facile à vivre.

◆

C'est ce à quoi peut servir le Parti libéral: d'être là, sur place, d'être la deuxième branche d'une alternéité indispensable de deux équipes prêtes, à tour de rôle, à assumer le pouvoir. En somme, il s'agirait d'une application inverse du même principe que je prônais plus haut pour un renforcement du Parti québécois devant la présence mammouth du Parti libéral à l'Assemblée nationale.

Il y a aussi que le fédéralisme n'est pas une idée folle si le type du fédéralisme très particulier que nous pratiquons n'a pas de quoi nous faire bêler d'admiration. Régime fait d'adaptations et de ravalements, il permet toujours de nouveaux accommodements et replâtrages. Ce ne sont pas là des idées exaltantes, j'en conviens.

Ces considérations auraient de quoi indigner un anti-séparatiste toqué et unilatéral. C'est le frère ennemi de l'indépendantiste "décidé et irréversible". Je les renvoie dos à dos non pas parce que frères ennemis, ni même parce qu'il est impossible de discuter avec chacun d'eux, mais parce que c'est à des marges plus fluides que s'arrachent les gains électoraux décisifs.

Sans tomber dans cet "anti-séparatisme toqué et unilatéral," un citoyen du Québec peut juger que les aspirations du Parti québécois sont trop hautes, que les défis qu'il propose sont trop exigeants et qu'il vaut mieux assurer une existence plus moyenne à la génération dont on est sans se sacrifier pour la génération d'après. Une telle psychologie peut manquer d'idéal sans tomber dans la déraison. C'est ici l'appréciation double du verre, demi-plein ou demi-vide. Le citoyen indépendantiste refuse le verre demi-vide d'une moitié d'Etat. Le citoyen libéraliste s'accommode volontiers d'un verre demi-plein. La note à payer d'un verre rempli de la généreuse boisson de l'indépendance retient ce dernier de se commander des rasades plus joyeuses. Encore une fois, ce type de prudence est respectable.

Le Parti libéral gagnerait à se voir délesté de la possession tranquille de son embonpoint. Rendu plus vulnérable, il deviendrait un peu plus attractif. C'est tout de même le parti qui a fait la révolution tranquille. Et à tout prendre, c'est une des dernières institutions qui durent encore depuis Duplessis. Son sens de l'opportunisme est admirable: "le grand frère outaouais" a déjà piraté le socialisme canadien; "le petit frère québécois" est-il déjà en train de grignoter l'indépendantisme québécois? Les victoires moins complètes qu'il a accumulées depuis Lesage furent aussi moins coûteuses.

◆

C'est ce à quoi peut servir le Parti libéral: être le deuxième grand joueur indispensable de notre politique. Comme parti d'opposition, il pourrait s'étonner lui-même: il n'y a pas d'autre substitut que lui à ce rôle irremplaçable. S'il désencombrait quelque peu le paysage du pouvoir il pourrait peut-être s'affirmer et gagner en solidité, pendant que le Parti québécois poursuivrait sa propre maturation. Mais de grâce n'élisons plus 102 députés libéraux! C'est trois à quatre douzaines de trop.

14

POURQUOI VOTER POUR UN DES TIERS-PARTIS SI VOUS N'AIMEZ PAS LES DEUX GRANDS — ET VOUS N'AVEZ PAS COMPLÈTEMENT TORT! (*)

C'est quand même bizarre de parler de l'Union nationale comme d'un tiers-parti quand on se souvient que sous Duplessis il occupait toute la place! C'est bien la preuve qu'un grand parti, ça peut mourir, jusqu'à ce que M. Bellemare administre la preuve que ça peut aussi ressusciter en un format plus restreint. C'est maintenant à M. Biron de jouer.

Les chefs créditistes ont dansé avec ivresse la ronde de leurs luttes clandestines. C'est merveille qu'il reste encore des créditistes après le passage du grand prédateur, M. Dupuis. Ou si l'on passe à la métaphore botanique, c'est comme pour les pissenlits, il en repousse toujours. M. Samson prolonge son interim jusqu'à la prochaine division. Ce qui reste du parti est surtout occupé à ménager son intégrité en rapport aux autres tierces formations depuis le départ de M. Roy. Ce parti par excellence de l'enracinement régional est encore capable d'envoyer quelques députés à l'Assemblée nationale.

Comme ministre de la Justice, M. Choquette pouvait présenter un *record* fort montrable. Des adversaires le reconnaissaient. Comme chef de parti, il n'aide pas sa chance; ou plutôt il accumule les malchances. Il affirme sa dissidence trop tard, et sur une pas très bonne raison (l'empirant encore en annulant son bien-fondé presque aussitôt après). Il se croyait le Promis à la grosse noce de l'Union nationale, ce sera le beau brummel barbu du "comité le plus rural du Québec" (dixit M. Biron). Depuis

(*) *Le Devoir*, le 6 novembre 1976.

lors, il essaie de rejoindre la cadence. Il est arrivé trop tard, ou est peut-être parti trop tôt. Il n'a pas de chance.

On pourrait caractériser l'Alliance démocratique de M. Nick Auf der Maur, comme le premier test d'une opposition circonstancielle au "bill 22". Vraiment trop faible dans le secteur de West Island pour profiter du désenchantement anglophone, l'Union nationale a permis l'émergence d'une formation selon la ligne linguistique.

De ces quatre tiers-partis, les deux derniers sont nés dans l'improvisation et la hâte. La date du 15 novembre peut leur être fatale. Les créditistes sont confinés plus que jamais à l'exploitation de territoires restreints. Il ne reste guère que l'Union nationale à avoir quelque avenir à condition de commencer à l'affirmer dans l'immédiat. Le pourra-t-elle? Je n'ai pas d'autre réponse que celle que vous fournissent votre journal quotidien ou les ouï-dire. Ce qui distingue l'Union nationale des autres tierces formations, c'est d'abord d'*avoir été l'Union nationale* et, ensuite, de pouvoir réanimer à la grandeur de la province des restes d'infrastructures d'une machine qui fut longtemps puissante.

Il est possible qu'un jour l'Union nationale rallie une bonne part de ses effectifs de naguère qui pourraient encore se gonfler d'éléments abandonnant d'autres partis. Pour l'instant, il n'apparaît pas évident que l'Union nationale devienne la "troisième force" annoncée. A l'échelle globale, libéraux et péquistes voient en elle un facteur de nuisance. A l'échelle régionale, la stratégie dite du "comté par comté" peut faire du tort aux libéraux au moins autant qu'aux péquistes.

Pour justifier mon titre, je dirai que ces petits partis remplissent une utilité politique certaine. Ils draînent des formes d'opposition qui ne peuvent pas s'exprimer autrement. Ils en suscitent d'autres, spécifiques au parti et à la région. Ces formes de participation valent mieux que l'abstentionnisme électoral. Ils ont une autre fonction:

empêcher le Parti québécois de se développer du côté d'une droite négative et ne pas trop alourdir les libéraux à leur propre droite, déjà suffisamment conservatrice.

Il est bon qu'entre les grands partis, s'affirme un anti-conformisme, une espèce de retrait, sinon de dissidence, du grand débat constitutionnel que mènent tambour battant libéraux et péquistes. Les régions, les diverses clientèles électorales continueront à exister dans le Québec de demain, indépendant ou pas. A côté des valeurs de sécurité et de permanence des libéraux, de celles de liberté et d'épanouissement des péquistes, il y a place pour des valeurs plus terre à terre que j'appellerais les valeurs du quotidien et du local: le coin de terre, "la place", le revenu immédiat, la petite industrie, l'aide sociale, etc... C'est une façon nullement honteuse de régler politiquement "son problème" psychologique.

◆

En conclusion à ces articles, je rappellerai que la première raison invoquée par M. Bourassa pour hâter les élections fut le grand débat constitutionnel. Que le Parti québécois n'ait pas, cette fois-ci, fait de l'indépendance son premier cheval de bataille n'atténue pas le fait que l'existence même d'un tel parti, en plein accroissement, pose la question de notre destin collectif au coeur de la lutte électorale. Aussi, mes considérations globales ne m'apparaissent pas hors de propos.

J'avoue ne pas sortir de mon idée fixe du *Comment l'indépendance* comme primant celle de l'option de l'indépendance elle-même. Les conditions dans lesquelles elle se produira, si elle doit avoir lieu, sont historiquement aussi importantes que le statut de l'indépendance elle-même. *Nous en aurons les conséquences*, bonnes ou mauvaises, qu'elles aient des origines d'ici ou d'ailleurs.

Ces temps derniers il a soufflé quelques vents de folie

du côté d'Ottawa... M. Trudeau peut bien n'y avoir guère plus de succès que lorsqu'il prononça son retentissant "Finies les folies" ! à Montréal, il y a quelques années. Il évoquait plus récemment le spectre de Wilfrid Laurier, délaissé et sacrifié en fin de carrière. Les choses risquent d'aller plus vite qu'on ne pense.

Pour l'heure, le Parti québécois se présente comme la solution de remplacement au régime Bourassa, en perte de vitesse après plus de six ans d'un pouvoir trop facile. Le parti de M. Lévesque s'efforce de montrer qu'il peut faire d'autres choses, plus urgentes, en deçà de l'indépendance. Il veut le pouvoir, considéré comme un premier devoir collectif et non pas seulement comme un épisode ou un rite de passage vers l'indépendance. Cet électoralisme-là n'est pas déshonorant.

Depuis que le Parti québécois n'est plus un des tiers-partis, tout notre paysage politique en a été transformé. Il ne s'agit plus que du choix entre deux partis aspirant au pouvoir, mais aussi d'un aménagement à prévoir, en possible alternance, entre deux oppositions — tout autant *nécessaires* avant, pendant et après l'indépendance. Ce n'est pas une prédiction que je fais: j'établis un corollaire.

15

LE PARTI QUÉBÉCOIS ET
LES DILEMMES DU POUVOIR (*)

Ainsi donc, monsieur Bourassa peut méditer le dicton: "Tel est pris qui croyait prendre". Ce ne fut pas une collision frontale, mais une lutte croisée, dissymétrique, toute en ruses et en dérobades. Le parti de l'indépendance

---

(*) *Le Devoir*, 19 novembre 1976.

en parla le moins possible; le parti de la continuité fédérale s'est entêté à nous entretenir des maléfices d'une indépendance hypothétique. Le parti du pouvoir attaqua sur un terrain que l'adversaire avait provisoirement évacué; le parti de l'opposition imposa la bataille aux abords de la forteresse d'un pouvoir devenu obèse et mal abrité. Tout un carnaval virevoltant que cette presque invraisemblable partie carrée...

En étalant les enjeux selon la gradation naturelle de la prise du pouvoir préalable à l'obtention de l'indépendance, la direction du Parti québécois a imposé les règles du jeu, de *son* jeu. En 1970, il n'était pas certain que le P.Q. se confirmerait comme joueur d'importance. Quand il le fut devenu en 1973, c'est le Parti libéral, maître du moment et du terrain, qui régla la partie à son avantage. Cette fois-ci, le parti d'opposition fut d'emblée "d'attaque", confinant le pouvoir à la défensive, aussi bien dans ses tanières soudainement envahies qu'à la première ligne de ses retranchements, qui ont été finalement enlevés.

Entre les fomentateurs de troubles qui se sont tus et les fabricants de peurs qui n'ont guère été crus, sont devenus plus crédibles ceux qui se sont efforcés de *dire quelque chose à quelqu'un* en renvoyant à plus tard ce qui reste à dire. Il y a des façons de mentir pire que celle-là. Mais la campagne est déjà passée à l'histoire.

Commence l'ère des très grandes responsabilités, ou du risque des erreurs non récupérables. Ce ne sera pas facile pour personne; mais vous conviendrez que ça pouvait débuter plus mal. En leur nouveau rôle dramatiquement inversé, n'est-ce pas que, chacun à sa façon, Messieurs Bourassa et Lévesque ont été proprement magnifiques en cette soirée du 15 novembre? N'est-ce pas, aussi, que Messieurs Trudeau et Clark ont été, littéralement, à la hauteur de leur situation respective? Tous ont tenu un haut langage de *civilisés*, qui est aussi la racine du mot "politique".

Il est certain que la forte majorité de ceux qui ont voté pour le P.Q. en acclamant Lévesque ne lui ont pas demandé l'indépendance. Il est aussi sûr qu'une forte majorité des membres actifs du P.Q. veulent d'abord l'indépendance. Le nouveau premier ministre sait où se trouve la plus large et la plus liante de ces deux légitimités. Contradictoires en principe, ces légitimités ne sont pas fatalement contraires en séquence historique.

L'affrontement Trudeau-Lévesque ne se fera plus par Bourassa interposé. A cet égard je ne veux évoquer que ceci: il y a entre Messieurs Trudeau et Lévesque un profond respect mutuel — qui, d'évidence, ne peut s'avouer — qui est l'ultime garantie, seulement psychologique, contre des embardées fatales de part et d'autre.

◆

Vient de s'affirmer au sein du P.Q. la force d'un troisième type d'hommes, ceux que j'appellerais les "politiques". Ils apparaissent comme la synthèse des "nationaux" (primauté à l'objectif de l'indépendance) et des "sociaux" (primauté aux valeurs de la social-démocratie). C'est le langage des péquistes "nationaux" qui dominait en 1970; la voix des "sociaux" fut plus pleine, sinon plus efficace, trois ans plus tard. A cette campagne-ci, la voix et le langage furent ceux des "politiques" qui imposèrent l'impératif stratégique de la prise du pouvoir un jour, pour justement atteindre les objectifs compatibles en principe, mais difficilement accessibles en même temps, des "nationaux" et des "sociaux". Le leadership du P.Q. a pu convaincre ses troupes qu'on ne peut tout obtenir en même temps et qu'il est toujours bon de commencer par le début. Pour arriver au résultat que l'on sait, cela aura pris huit ans, à partir de 1968.

Bien se mettre dans la tête ceci: un gouvernement moyen en régime d'indépendance serait bien pire qu'un gouvernement faible au fédéralisme — où "tout le mal" ne vient pas d'une capitale unique et n'a pas qu'un seul nom. La direction par les "politiques" du P.Q. aura permis d'accéder au pouvoir; pour l'étape suivante, cette classe d'hommes sera encore plus nécessaire. Les "nationaux" vont *tirer* dans le sens de l'indépendance; les "sociaux" dans celui de la social-démocratie: les "politiques" devront trancher sur la priorité. Ça s'est déjà vu ailleurs: se servir de la révolution nationale comme d'un alibi pour n'avoir pas à faire la révolution sociale. Mais l'inverse qui est plus rare, pourrait être d'un consensus plus aisé et davantage satisfaisant pour le plus grand nombre.

L'énergie politique d'une génération est limitée. Après les premières effervescences, il faut compter avec les déperditions successives à l'usage. Une équipe péquiste au pouvoir le voudrait-elle qu'elle ne pourra faire les deux "révolutions" en même temps. Sa clientèle *conditionnelle* — nous ne sommes pas en totalitarisme — continuera à distinguer ce que le leadership péquiste avait discriminé pour obtenir les voix électorales. Le gouvernement n'aura pas qu'à consolider l'Etat, dont il aura charge, mais à le défendre littéralement, à l'intérieur, devant les attentes croissantes (*rising, expectations*) de la clientèle exigeante. Quelles énergies resterait-il pour la scission? Dans la mesure où, fortement engagée, la révolution sociale *rendrait*, la révolution nationale se ferait moins pressante? A ce point, ou l'on crie à la trahison ou l'on dit le prosaïque "Pourquoi pas?"

Mais, faute d'une prise en main de plus en plus forte par les "politiques", éclaterait la fraternité d'armes des "nationaux" et des "sociaux". C'est la fatalité des frères-ennemis de rester frères. Ces considérations ne relèvent pas de la prospective: c'est déjà commencé. L'ensemble de notre société montre des tensions structurelles dont les grèves dans des secteurs vitaux sont l'expression de plus en plus dure et répétitive.

Ce n'est pas le lien fédératif qui est ici en cause. Tout l'optimisme de la campagne du P.Q. reposait sur la possibilité de pouvoir faire "entre nous" ce qui doit être fait avant de passer à l'acte second des ruptures (estimées) inévitables. On verra bien alors. Je sais, il y a de quoi faire rugir "l'indépendantiste décidé et irréversible" dont je parlais dans un précédent article. Je m'empresse d'ajouter que ce n'est pas pour donner raison à son jumeau, "l'anti-séparatiste toqué et unilatéral". Ce sont des simplificateurs hors de la vie réelle, qui se déroulera probablement sans eux et, en bonne partie, contre eux.

◆

Sous son aspect séparatiste-indépendantiste, le Parti québécois est un parti *anti-système*. Un tel parti se trouve à légitimer, de façon au moins latente, le système à l'intérieur duquel il évolue dès lors qu'il en respecte les règles du jeu fondamental. Aussi longtemps que cela dure, il y trouve et sa bonne et sa mauvaise conscience. C'est selon.

Dans l'hypothèse désormais plausible où le Parti québécois réussirait — relativement, bien sûr — sa révolution sociale, pour d'aucuns il aurait lui-même rendu non nécessaire la révolution nationale? Ou encore ça serait cela, la *vraie* révolution nationale? Et elle n'aurait rien de "tranquille" comme l'autre d'il y a quinze ans. Celle-ci apparaît, en rétrospective, n'avoir été qu'une répétition générale assez désordonnée et la partie à jouer est restée inachevée...

Je ne porte pas au seul crédit des chefs du P.Q. la maturation du leadership de ce parti. C'est un parti *anti-système* pour cette moitié, fédéraliste, de notre système; mais c'est aussi un parti *pro-système* pour cette autre moitié, la démocratique, du même système global. C'est ainsi que, pour se dédouaner dans le système et y jouer un rôle directeur, le P.Q. a été amené à des engagements fort exigeants de substance et d'action démocratiques. Ce fut rentable, au sens calculateur, en même temps qu'habile, au sens noble. Mais, à cette phase-ci, pouvait-il faire autrement à moins de "se crever les yeux agréablement", selon une expression paradoxale de Paul Claudel?

"La fonction *crée* l'organe", dit un vieil adage biologique, ce qui peut aussi s'entendre avec quelque subtilité: "la fonction *dédouble* l'organe". Une grande partie de l'électorat québécois était en attente de ce dont le P.Q. était porteur et garant, soit de sa moitié *pro-système*. Il s'est trouvé que c'était aussi un parti indépendantiste.

Le P.Q. va être surveillé de très près par ceux qui ont pris le grand risque d'accepter que l'indépendance soit mise entre parenthèses pendant cette première étape. En ses rangs jusqu'à ses instances supérieures, ce parti va continuer à être profondément tendu entre les "sociaux" et les "nationaux" selon les lignes *pro* et *anti-système* que je viens de dire. Il reviendra à cette troisième catégorie d'hommes, les "politiques", de rendre propulsives ces tensions tant que les dirigeants du parti ne se seront pas plus complètement convaincus eux-mêmes que le gros de nos maux provient strictement de l'appartenance fédérale. La première règle éthique d'un comportement de leadership est de ne pas exiger de plus fermes adhésions que la mesure de persuasion personnelle des leaders. C'est aussi une norme fondamentale de réalisme, en même temps que l'indice d'un instinct de conservation des leaders eux-mêmes.

◆

Une indépendance fracassante laisserait un Québec fracassé. C'est pourquoi était dangereuse une indépendance *par erreur*. J'appelle ainsi une indépendance qu' "on" ne voudrait pas, ni à ce moment-là, ni par tels moyens, ni avec telles conséquences qu'il serait trop tard d'enrayer. Jusqu'à la phase récente de la maturation du P.Q., "on" risquait de faire l'indépendance sans y être forcé, non plus que sans la vouloir: d'où l'*erreur*. Dorénavant on sait qu'elle peut être évitée.

C'est de "l'hypocrisie"? — Si l'on y tient. Mais également hypocrite était l'attitude des Libéraux, cherchant la reconduction d'un pouvoir immédiat par la crainte d'une menace non immédiate. Cela peut encore se dire: l'hypocrisie péquiste est de l'ordre de la stratégie, à long terme; l'hypocrisie libérale relève de la tactique, à court terme. Renvoyons les hypocrisies dos à dos: c'était de bonne guerre, il s'agissait, dans les deux cas, de gagner l'élection. Elle a eu lieu. Il faut passer à autre chose.

Ceux d'entre les Québécois, dont l'instinct politique est plutôt de critique et d'opposition que de soutien et d'acclamation, vont avoir de quoi s'occuper en ce grand moment qui commence... Il fallait éviter cette espèce de catastrophe de l'indépendance *par erreur*. Ce serait un autre désastre, qui tuerait jusqu'à l'avenir d'une indépendance peut-être nécessaire, un jour, si en attendant, le P.Q. ne pratiquait gauchement et avec arrière-pensées qu'une demi-démocratie, comme *par procuration*.

16

LE CANADA "INDIVISIBLE", LE QUÉBEC IRRÉPRESSIBLE (*)

Alors que chacun y va de son petit scénario, il est encore trop tôt pour établir quelle sera l'évolution la plus probable parmi celles qui apparaissent plausibles. On a

---

(*) *Le Devoir*, 24 novembre 1976.

appris depuis le 15 novembre que le prévisible, tout étrange soit-il, peut tout bêtement se produire.

Il faut partir de ce qui est et non pas de la couverture de ses illusions. L'illusion la plus néfaste qui aurait cours à Ottawa serait que les Québécois n'iront pas jusqu'à l'indépendance. Et s'ils s'y sentaient acculés par le pouvoir central? Une autre illusion, qui lui correspondrait à Québec, consisterait à croire que la capitale fédérale finirait bien par conclure un accord d'indépendance avec le Québec en douce, sans y être littéralement forcée. Il sera toujours temps, le cas échéant, d'avertir les consommateurs, actuellement euphoriques, de cette seconde illusion.

"Partir de ce qui est", cela veut dire des 40 p. cent des voix accordées au Parti québécois, dont pas plus de la moitié ne semble acquise actuellement à l'option indépendantiste. Quelle puissance politique peut faire gonfler cette minorité à une majorité de 51 p. cent de voix réclamant l'indépendance? Une seule: le gouvernement central. S'il ne sait pas jouer avec subtilité dans une situation inédite, et extrêmement ardue, il y a les moyens d'entraîner exactement la conséquence qu'il veut empêcher. Que les hommes d'Ottawa érigent leur "mauvaise humeur" et leur ressentiment profond en ligne de conduite et cela se fera. Une lutte hargneuse et revancharde contre le gouvernement québécois aurait l'effet d'une très efficace campagne de recrutement indépendantiste dans les milieux réticents devant cette option.

Deux Québécois sur cinq ont cru M. Lévesque sur parole lorsqu'il affirmait qu'ils ne seront pas "charriés dans l'indépendance". Ils seront beaucoup plus nombreux à ne pas accepter d'être contraints à la dépendance, si l'on entrave sans *fair play* leur liberté de choix. Fait de plus en plus d'adeptes la croyance qu'un réaménagement constitutionnel satisfaisant ne pourra se produire que si Ottawa est placé devant la menace certaine d'une séparation.

Ce nouveau jeu sera rigoureux dans sa logique paradoxale: le moyen le plus sûr pour le gouvernement fédéral de perdre la bataille du futur référendum, c'est de commencer à la livrer sournoisement avant que les opérations n'en soient déclenchées. Pour l'instant les fédéraux ne sont pas immédiatement menacés. S'ils se comportent comme s'ils l'étaient, c'est un premier aveu de leur faiblesse, déjà grande pour des causes autres et antérieures au 15 novembre. Ce serait surtout apporter de l'eau au moulin des "indépendantistes pressés". Ils forceraient les Québécois à choisir un pouvoir *contre* l'autre, alors que ceux-ci viennent tout juste de se donner un pouvoir *sans s'occuper* de l'autre.

Si le Canada est "indivisible", le Québec est irrépressible.

Je n'invoque pas des qualités nobles de prudence ou de générosité, ni de la *"tolerance"* sans accent et propre à la majorité dominante depuis si longtemps. Je parle plutôt de la lucidité toute première de l'homme d'action, qui n'est au fond que l'élémentaire sens pratique devant ce qui est. Bien sûr, tout le monde est pris de court avec une "élection d'avance"... Contrôlé étroitement comme il l'est par ses propres troupes et surveillé par les adhérents d'un jour dont une bonne moitié est très conditionnelle, le nouveau gouvernement québécois ne doit pas se sentir forcé à une fuite en avant, en donnant l'assaut à l'autre capitale — qui l'y aurait invité.

Il ne s'agit pas tellement d'un pouvoir plus faible, parce que fédéré, devant un autre plus fort, parce que central. Dans le calcul du nouveau rapport des forces, il faut compter avec un dynamisme québécois tout nouveau, fait de ferveur et de fraîcheur, devant un gouvernement central qui a perdu de son élan depuis une huitaine d'années. Ce dernier ne pouvait empêcher la victoire du Parti québécois sur un terrain qui n'était pas le sien. Mais il a les moyens maintenant d'accélérer la marche à l'indépendance, jusqu'à la rendre irréversible, dans l'action même de vouloir maladroitement l'enrayer.

Il est assez probable que le parti indépendantiste ait fait, *par lui-même*, le plein des votes proprement indépendantistes. Le gros des gains au-delà, jusqu'au 51 p. cent de la victoire du référendum, serait à verser aux erreurs et insuffisances du pouvoir outaouais. Celui-ci ne peut, à la fois, proclamer et nier dans les faits le *business as usual*.

On peut, on devra se parler, maintenant qu'on sait que l'avènement d'un gouvernement péquiste à Québec n'est pas "la fin du monde", ni celle du Canada fédéral. Toutes ensembles, les diverses capitales canadiennes doivent inventer un style inédit pour un nouveau mode de pourparlers. Si l'on n'y arrive pas, il faudra consentir à un moratoire et au gel de ce qui a déjà été négocié. Tout cela sera évidemment chargé d'arrière-pensées mais qu'il ne sera pas nécessaire d'expliciter avant le grand match.

Il y aura tôt ou tard la grande explication pendant la campagne du référendum. Faire comme si elle avait déjà commencé, par le calcul erratique de la gagner, serait le plus sûr moyen de la perdre. Cela, le nouveau gouvernement québécois le sait; le gouvernement fédéral doit le savoir. L'envergure et la nature pressante des autres problèmes qui assaillent l'un et l'autre gouvernement n'auraient même pas à être invoquées pour calmer les impatients dans leur capitale respective.

Il y a deux situations pensables où ne se produirait pas la séparation du Québec: que le P.Q. réussisse progressivement son réformisme social — ce qui, exigeant la collaboration active d'Ottawa, prendra beaucoup de temps; ou que le fédéralisme canadien réussisse son renouvellement — ce qui, quoique très en retard, peut se faire en moins de temps. L'idée reçue, la plus affligeante et la plus indécrottable à Ottawa, est que le fédéralisme canadien n'est pas si mal puisqu'il a su s'adapter aux circonstances et durer plus d'un siècle, etc. La vérité est qu'il est foncièrement mauvais et que des circonstances historiques lui ont été favorables en même temps qu'il les a servies. La vérité est encore que, bien avant le coup de tonnerre du 15 novembre, ce régime fonctionne de plus en plus mal et génère ses propres maux spécifiques. Personne, finalement, n'y trouve son compte.

♦

On ne demande pas au gouvernement fédéral de se réjouir de la dernière fantaisie de la "province pas comme les autres" (la preuve en est faite maintenant, non?). Le risque qu'il prendrait, en ne s'engageant pas dans une guérilla du référendum prématurément, est bien moindre que celui du gouvernement québécois qui, lui, accepte de perdre cette bataille qu'il s'est obligé de livrer.

Que les augures et constructeurs de scénarios, ministres et députés d'Ottawa cessent d'aborder leur énorme problème à l'envers en s'imaginant que toute "concession" nouvelle doit être rejetée parce qu'allant dans le sens de la séparation. Ce peut être tout le contraire. Qu'entre eux, dans le SECRET bien sûr, ils élaborent plutôt le modèle inverse d'une réintégration d'un Québec dans un ensemble plus vaste après que la séparation se serait produite. La différence entre ce modèle et l'état actuel des choses déterminerait *la sphère de manoeuvres pour les négociations à venir*. En d'autres termes, pour empêcher la séparation il faut dresser les *plans d'un rétablissement de la situation globale comme si la séparation venait de se produire*.

Partir d'autres postulats, encore marqués de la routine et de toute absence d'esprit novateur, risquerait de mener à ce qu'on veut précisément éviter. Le danger de se tromper sur la force réelle de l'adversaire est plus grand lorsque les rivaux se livrent une lutte en pareille dissymétrie. Aucun des opposants ne peut imposer les règles du combat à l'autre; mais les deux camps peuvent les refuser, ce qui était en train de devenir une peu glorieuse routine...

◆

Le principe des affrontements qui s'annoncent devra être tout autre: chaque partie devra accepter de transiger selon les règles où l'adversaire était logiquement le plus faible, mais ne l'est plus de fait. Selon une formulation moins abstraite, je dirais que tant que les gens d'Ottawa restreindront le grand projet québécois à une simple *séparation* du Canada, ils continueront à ne pas comprendre le dynamisme positif de l'*indépendance*. A l'inverse, tant que les indépendantistes québécois minimiseront l'étape de la séparation en une formalité, qui à point nommé tombera comme un fruit mûr, ils se vouent à un désenchantement à la mesure de leur beau rêve. Séparation, indépendance: c'est plus qu'une nuance ou qu'un verso-recto.

Le politicien le plus rusé de l'histoire du Canada s'est sorti naguère d'une crise semblable: "Pas nécessairement la conscription, mais la conscription si nécessaire". Plus récemment, Daniel Johnson avait frappé la formule: "Egalité ou indépendance". Pour résumer mon propos en paraphrasant ces mots célèbres, je dirais: "Pas nécessairement la *séparation*, mais l'*indépendance* si nécessaire". Cela peut s'entendre plus clairement: "Il faudra qu'Ottawa rende la séparation nécessaire, pour que le Québec devienne indépendant".

17

UNE COMMUNAUTÉ CANADIENNE
A INVENTER (*)

Il faut se pincer de temps à autre pour se demander si on ne rêve pas. On regarde journaux et télévision. On écoute interlocuteurs et radio. Individuellement on ne rêve pas. Mais on vit collectivement un étrange rêve éveillé. Il est fait d'espoir et d'anxiété.

Tout, depuis le 15 novembre, aurait pu tellement plus mal se passer. Pour combien de temps?

Nous sommes à un premier versant: celui de l'accession d'un parti indépendantiste au pouvoir québécois. L'autre versant, celui des processus d'une sécession éventuelle de l'Etat québécois, c'est une discussion pour plus tard. Entre ces deux versants, un plateau d'une durée imprécise nous est ménagé, où "ceux d'Ottawa" et "ceux de Québec" ont le temps d'apprendre à se parler. L'audience est large qui prêtera une oreille attentive.

Il nous est laissé le temps de nous habituer à l'insolite. Ce temps est court qu'il faudra employer dans les deux capitales à reconnaître *le fondement de réalité* de la crise canadienne. Ca veut dire rejeter les références qui brouillent tout dès lors qu'on s'y enferme: autant celle d'un indépendantisme lyrique que celle d'un fédéralisme épique ("Ton histoire est une épopée..." *air connu*).

Il fallait un éclaircissement préalable: que tout le monde s'engage à ne pas se conduire en sauvage. En un décor d'une solennelle gravité, M. Trudeau l'a dit à la face du peuple canadien: "Le Canada ne peut pas survivre par la force". Il n'y aura pas de "doctrine Trudeau", au sens de la "doctrine Brejnev" pour les pays de l'imperium soviétique. M. Lévesque, en un autre décor vidéogénique

---

(*) *Le Devoir*, 2 décembre 1976.

non moins impressionnant, nous a dit qu'il avait entendu le message. On va se parler d'homme à homme pour des valeurs d'hommes. En s'engageant sur une passerelle branlante on s'assure des garde-fous.

♦

Il faudra être soigneux pour nommer les hommes et dire les choses. Les mots sont des intentions, réelles ou dissimulées; ils sont surtout dangereux lorsqu'ils dépassent celles-ci. Ce n'est pas le temps de se crier des noms, de se *garrocher* à la tête des épithètes pas "gentilles" du tout. L'un et l'autre de nos deux premiers ministres ont déjà commis des "mots" qui fleurent le terreau natal, de ces mots que nos oreilles *canayennes* entendent sans explication. N'en retenons que la preuve que les origines de ces deux hommes d'Etat sont bien de chez nous. Seulement, nous ne parlons pas qu'entre nous: d'autres écoutent qui peuvent avoir l'idée perverse de s'en réjouir ou encore d'y trouver justification de leur inertie ou de leur ignorance. Il y a surtout que l'envergure des enjeux pour 23 millions de Nord-Américains commande une sobriété dans l'exactitude verbale.

Les média qui véhiculent les paroles des hommes politiques devront faire montre d'une grande probité professionnelle. Quand un journaliste rapporte qu'un premier ministre parle de "tribalisme", il n'est pas indifférent d'apprendre que cela fut dit dans une ambiance *joking* et qu'il fut aussi question des brillantes traductions françaises sur les boîtes de Corn Flakes.

Tout le monde est nerveux. Les susceptibilités sont à fleur de peau. Des boutades, dégagées de leur contexte, peuvent, non seulement égratigner, mais encore durcir des fanatismes en devenir. Nous sommes entrés dans une époque où les mots vont avoir de plus en plus de conséquences, sans exclure celles qu'on cherche à éviter.

111

Nous devons tous, surtout ces messieurs chargés de notre destin collectif, surveiller notre langage, nom de Dieu!

◆

Dans le nécessaire exorcisme des mots pour la conversation utile, il est des formules qui, à l'usage, sont devenues dévaluées et d'autres qui encapsulent des charges explosives. Autonomie provinciale, fédéralisme lucide, statut particulier, fédéralisme rentable, souveraineté culturelle sont de celles-là. Risquent d'être aussi peu utiles cet autre type de formules qui enserrent des dilemmes: les deux nations, les deux peuples fondateurs, Egalité ou Indépendance, etc. On pourrait écrire une histoire logomachique du fédéralisme canadien depuis 1950, avec des slogans de ralliement ou des formules portées par le flou de la pensée.

L'ennui avec les mots c'est qu'on s'en sert souvent comme pour manipuler des essences pures. L'indépendance n'est pas un absolu, mais non plus que le fédéralisme. Le contraire de ce dernier terme est l'unitarisme et non pas le séparatisme. Il est des indépendances qui se produisent hors des Etats fédéraux.

PERSONNE ne "cherche à détruire le Canada". Beaucoup de Québécois se disent prêts à s'en retirer parce qu'ils ne se sentent plus à l'aise à l'intérieur de la demeure commune. La fin, ce n'est pas cette "destruction", c'est la construction d'une demeure plus appropriée. La séparation si elle doit se produire, c'est de l'ordre des moyens. Tout le monde, dans sa vie quotidienne, fait au moins implicitement cette distinction de la fin et des moyens. Pour confondre l'adversaire, pourquoi lui prêter de noirs desseins alors qu'on ne réussit qu'à le hérisser? La propagande fédérale a les moyens de produire en chaîne des indépendantistes irrévocables si elle insulte les Québécois dans leur dignité profonde. Autant y penser à temps avant de s'engager dans cette production massive.

Il y aura la bataille à ciel ouvert du référendum — des référendums? L'autorité québécoise en décidera pour le sien parce qu'elle s'y est obligée. L'élection fédérale dans deux ans ne se déroulera-t-elle pas en un style de référendum? Ce n'est pas de ces empoignades que vont sortir des clarifications de la crise.

C'est d'ores et déjà qu'il faut s'appliquer à résoudre la crise constitutionnelle et non pas seulement à la gérer, en mutuel mécontentement garanti de tout le monde. D'évidence, les neuf autres capitales provinciales sont aussi en cause. Dans leurs divers conseils d'experts de relations fédérales-provinciales, il faut s'employer à échafauder des plans de réforme générale et radicale de l'arrangement constitutionnel à venir. Je suis allé aussi loin l'autre jour que de dire: "pour empêcher la séparation il faut dresser les *plans d'un rétablissement de la situation globale comme si la séparation venait de se produire*". Il urge de penser *globalement* un arrangement où *intégration, séparation, indépendance, association* n'apparaissent plus comme des pièces détachées qui s'entrechoquent et se contredisent. Ce sont plutôt des phases d'un même réaménagement fondamental.

Il faut avoir l'inquiétude fécondante de faire l'économie d'une séparation, non nécessaire en ce qu'elle a de négatif, de déchirant, de destructeur, de difficilement réparable. A défaut de certaine "imagination créatrice", nous allons nous préparer tous, pour nous-mêmes et la première génération de nos descendants, une assez peu joyeuse catastrophe! Le temps se fait court. Ce n'est pas dramatiser que de le reconnaître.

Cette chose, cette formule, cet arrangement (ou plus vulgairement, cette "patente", ce "machin", etc.) ne sont pas à chercher forcément du côté de ce qui est en train de se roder en Europe occidentale: intégration, pool ou mise en commun et, plus récemment, Marché Commun. C'est à voir. M. Bourassa va y voir. Ce faisant, il est peut-être en train de préparer la plus belle sortie-rentrée de l'histoire politique canadienne...

"Marché Commun", ce n'est pas désagréable, c'est montrable et ça connaît ses crises post-gaulliennes, aussi! Cette "chose" canadienne à mettre à point d'urgence, n'est-ce pas en bon anglais médiéval un *Commonwealth*, traduction de la *res publica* commune des Anciens? Le "Commonwealth britannique" a permis la transformation non déshonorante de l'Empire déshonoré. Pourquoi le "Dominion of Canada", anciennement honorable, n'évoluerait-il pas avec une *Communauté Canadienne- Canadian Commonwealth*, où un Québec, enfin vivant, trouverait sa place à côté des autres sociétés fraternelles? Celles-ci ont, aussi, un autre destin collectif que de maintenir un mauvais système fédératif qui vieillit de plus en plus mal, et engendre ses propres maléfices.

Pour cela, il faut cesser de se faire croire que le régime fédératif canadien est porteur des vertus que le fédéralisme idéal, "comme dans le livre", nous indique. Pour cela, il faut aussi se mettre dans la tête que le monde change, que, la vie ne s'arrête pas entre deux sursauts de changement. Si les autorités politiques ne dirigent pas le changement qui de toute façon se fera, elles se mettent hors de l'histoire. Ce peut être aussi un moyen de précipiter sa déchéance personnelle dans l'actualité, qui est déjà sans merci. Je préfère n'avoir pas à préciser davantage: rien n'est plus triste que d'entendre sonner l'hallali.

◆

"*Words... Words...*" dit le personnage tragique de Shakespeare. Bien sûr, tant qu'on n'aura pas inventé d'autres moyens que les mots pour communiquer entre les hommes.

Cette CHOSE canadienne à inventer, pourquoi pas une espèce de *Commonwealth-Communauté*, qui a permis d'éviter quelques guerres civiles et coloniales dans les empires déclinants de nos deux peuples fondateurs? Ca ne serait que le retour à notre dualité profonde dont on n'a pas à avoir honte et qu'on ne peut pas nier.

Et ça n'aurait rien de colonialiste, de tribaliste, de "roi-négriste", etc.

18

DU MODE D'EMPLOI DU PARTI QUÉBÉCOIS (*)

Jamais dans notre histoire un gouvernement québécois aura été autant attendu à tous les coins. C'est que sa réalité même impose une espèce de "jeu des quatre coins". On se souvient de ce jeu de surprise et de vitesse, que nous jouions dans les cours d'école: quatre joueurs occupent les quatre coins; il en reste un cinquième, au centre du quadrilatère, qui doit gagner de vitesse l'un ou l'autre des coureurs qui se déplacent pour occuper sa position. Comme les occupants de tous les coins doivent se déplacer, c'est un jeu d'une grande mobilité en toutes les directions et avec toutes espèces de feintes, de faux départs et de retours. Il ne peut jamais y avoir plus de quatre gagnants, d'ailleurs provisoires, comme l'est du reste le perdant de la dernière course, s'il n'a pu arriver le premier à une des positions qui étaient à prendre. S'il y a un perdant du jeu c'est au moment précis où l'action cesse, celui qui reste au centre, même s'il est laissé de côté pour la première fois dans la partie.

D'ordinaire, le grand jeu électoral ne comporte que deux positions, le pouvoir ou l'Opposition: le parti du pouvoir y est confirmé ou est remplacé par un parti de l'Opposition, ce qui est arrivé le 15 novembre. Cette simplicité n'était qu'apparente; il s'agissait d'une manche

(*) *Le Soleil*, 29 décembre 1976 et *la Presse*, 5 janvier 1977.

transitoire. De par son existence même, le Parti québécois est une contestation de la nature du jeu, ou plutôt de son lieu ou terrain. Le jeu politique global est maintenant à quatre coins, comportant encore les positions du pouvoir et de l'Opposition aux niveaux aussi bien fédéral que provincial.

La première raison d'être du Parti québécois est la contestation du niveau fédéral. Quoi qu'il fasse maintenant ou ne fasse pas, ou quelque action ou inaction qu'on ait à son sujet, on est toujours ramené à des perspectives d'évaluation d'un jeu à quatre coins.

Jeu plus complexe

Ce nouveau jeu-là, plus complexe, est plus fascinant à observer et, sans doute, plus ardu à jouer; mais il est aussi plus compliqué à décrire... Le jeu, qui était à deux coins pendant la campagne et le jour des élections du 15 novembre, est redevenu à quatre coins depuis que le Parti québécois est au pouvoir. Il en sera ainsi aussi longtemps que ce parti maintiendra l'article premier de son programme et honorera sa promesse d'au moins tâter les citoyens québécois sur leur volonté de vouloir aussi l'indépendance.

C'est d'évidence en toute matière portant sur les relations dites "fédérales-provinciales" et lors des conférences du même nom. C'est non moins réel, encore que moins flagrant, au sujet de tout ce que fait le gouvernement québécois à l'intérieur de sa sphère propre. La raison en est que tout le monde sait qu'un jour prochain ce gouvernement déclenchera la campagne du référendum. Le jeu sera encore à quatre coins lors de la prochaine élection fédérale qui, en territoire québécois tout au moins, aura l'air d'un *référendum* mais combien plus ambigu! On peut s'attendre à de la confusion dans ces jeux mobiles, où l'astuce calculée le dispute aux réflexes et à la rapidité.

Aussi, avant que tout cela ne commence à fond de terrain — c'est le cas de le dire — est-il nécessaire d'y voir le plus clair possible alors que le jeu peut encore, pour une part relative, s'analyser comme s'il se déroulait selon la belle simplicité d'une course à deux positions. A quoi peut servir, à quoi sert déjà le Parti québécois dans l'exercice de son strict pouvoir provincial? Quel est, à cet égard, son "mode d'emploi"?

La chance au coureur

Il convient de lui donner "la chance du coureur" pour un temps, mais pas pour trop longtemps. Quelle est la proportion des mesures de son programme que le Parti québécois peut mettre en œuvre sans les entraves du statut constitutionnel actuel? Cette proportion est considérable: les deux tiers, les trois quarts peut-être? Il y a du champ à toutes sortes de politiques réformistes et novatrices. Les limitations sont souvent d'une tout autre espèce: impréparation ou réticences des opinions publiques québécoises, possibilités administratives et financières, nécessité de décisions exploratrices et graduées, etc. Pour que le désirable devienne possible il faut aussi qu'il soit désiré.

La première "révolution tranquille" fut plutôt bavarde, beaucoup trop *parlée*. Celle qui commence est moins confusément attendue et n'a surtout pas le temps de s'enliser dans de trop longues autojustifications. On attend d'être convaincu, mais non pas converti. Car ils aiment causer, nos nouveaux ministres! (M. Lévesque comprendra mieux certains embarras de naguère de M. Lesage...) Toute la campagne du Parti québécois aura montré que les "bonnes intentions" peuvent faire de la politique (électorale) efficace. Il reste encore à démontrer qu'elles peuvent faire du bon gouvernement. Un tas de nouvelles idées semblent déjà être au pouvoir et plusieurs vieilles bonnes idées, fatiguées et décolorées, se raniment et redeviennent estimables. C'est prometteur et déjà rafraîchissant. Du nouveau s'annonce.

Chacun son parti

Chaque péquiste, celui d'un jour comme celui de toujours, a son petit Parti québécois. Celui de toujours, le plus coriace à cause de l'Indépendance (avec la majuscule), deviendra assez tyrannique pour le gouvernement; mais ce sera à l'intérieur du parti, dont il a besoin de la chaleur crépitante du foyer, qu'il dira ses exigences ou "gueulera" ses impatiences. Le péquiste d'un jour, encore sous le coup de son audace un peu *canaille* d'avoir pu montrer qu'on peut être péquiste sans être "séparatiste", peut sembler plus accommodant. Mais son expectative est non moins redoutable. Il attend pour évaluer la valeur de la marchandise promise. Il risque de ne plus marcher lors des grandes manoeuvres du référendum pour deux raisons. Bien sûr, s'il estime qu'on triche avec lui pour le bon motif, présumé, de l'indépendance; mais d'ici là, également, s'il estime que le parti néo-québécois n'est pas à la hauteur de la situation en tant que gouvernement québécois dans son domaine propre.

Quant aux adversaires, libéraux se recyclant ou unionistes encore aux "soins intensifs", ils auront le "Je vous l'avais dit" raide et peut-être contagieux. M. Louis O'Neill a parlé de l'aspect thérapeutique sociale de l'arrivée au pouvoir du Parti québécois. Ce serait une hypothèse non déraisonnable de poser que le péquiste règle ses problèmes personnels et que le libéral, ou l'unioniste, veille à ses intérêts, qui ne sont pas nécessairement sordides. La différence entre ces deux types de psychologie est encore plus grande qu'entre les deux sortes d'attentes objectives.

L'arrivée au pouvoir du Parti québécois a affiné "le goût du Québec" chez ceux qui l'avaient déjà, l'a éveillé chez les autres. Ce parti est une élection d'avance dans son échéancier de la conquête de l'indépendance. Pris de court, il se refuse à la tentation de couvrir des insuffisances par les limitations du cadre constitutionnel actuel. Il a pris la résolution de pratiquer le jeu des quatre coins sans ruses ni feintes maladroites et seulement lorsque la partie décisive sera commencée.

Cette règle de conduite comporte une redoutable responsabilité: celle de réussir sa prise du pouvoir québécois en sa forme actuelle. Cela doit s'entendre en un sens fort: s'il veut enlever l'indépendance un jour, le Parti québécois doit, en un temps très court, montrer tout son savoir-faire en deçà de la souveraineté. C'est la meilleure garantie qu'au jour de l'indépendance il saura quoi faire avec.

19

DU BON USAGE DE LA CRISE ACTUELLE (*)

Le jeu politique des "quatre coins" comporte les positions du gouvernement central et de l'Opposition au niveau fédéral, du gouvernement québécois et de l'Opposition au niveau provincial. Jusqu'au 15 novembre dernier, le Parti québécois n'occupait que cette quatrième position: ainsi confiné, il y était moins menaçant mais aussi moins menacé.

Ayant maintenant pris cette position au "coin" du pouvoir québécois, il est plus fort mais cette force nouvelle suscite des résistances également plus vives, d'autant que, tôt ou tard, il devra forcer la partie. Le pouvoir québécois

---

(*) *Le Soleil*, 30 décembre 1976 et *la Presse*, 6 janvier 1977.

est, désormais, en face à face avec le pouvoir outaouais. L'ajournement de cette confrontation ne voile pas le fait que ce parti est l'expression de la contradiction de ce dernier pouvoir.

Un parti indépendantiste, en accédant régulièrement au pouvoir, ne déclare pas l'indépendance d'emblée: s'il y a des précédents, ils sont très rares. Disons qu'il fait montre d'une belle élégance démocratique — tout en convenant qu'il n'aurait pu prendre le pouvoir sans avoir dissocié les deux objectifs. Cette garantie morale d'un comportement ordonné comporte des inconvénients pour la mise en train des changements à venir. Car il faudra pouvoir s'y retrouver aux différentes phases du jeu mobile et complexe des quatre coins où nous sommes engagés, tantôt ça va tourbillonner. Pour sa réussite dans le temps très court qu'il s'est lui-même dévolu, avant le référendum, le gouvernement québécois a besoin d'une certaine stabilité des cadres politiques existants. Autrement, il ne pourrait les utiliser au maximum de leur virtualité et faire rendre les ressources diverses actuellement à sa disposition. Mais le fait de son existence remet en cause le principe même de ces cadres, à l'intérieur desquels il consent à agir pour un temps. En bref, il est agent de déstabilisation de la situation de stabilité qu'il réclame et dont il donne lui-même des gages certains.

Cette conduite ne peut être soutenue très longtemps. Le référendum, même entremêlé du brouillage d'une élection fédérale se tenant dans le même temps, produirait un premier effet de clarification. D'une certaine façon le gouvernement québécois a le choix du terrain mais à peu près pas du moment car le délai de la grande consultation sur le destin collectif québécois et, par ricochet, canadien doit être court.

Sortir de la médiocrité

L'élection du Parti québécois au pouvoir nous a permis de sortir de la médiocrité du choix alternatif entre libéraux et unionistes. C'est un fait historique qui pose pour la première fois de façon aussi claire la question de l'identité québécoise. Cela "ouvre l'avenir", comme on dit, et élargit le champ des possibles dans un tas de domaines. Mais nous voilà aussi lancés sur des pistes de risques collectifs de plus en plus grands. A la campagne inévitablement "sauvage" du référendum s'ajoutera le tintamarre des prochaines élections fédérales. Au bout de cela, on imagine assez difficilement des scénarios roses ou de facilités avec *happy end* pour tout le monde.

Le Parti québécois s'est engagé à ne pas faire l'indépendance *sans* nous: ce qui ne signifie pas que, si elle se fait, elle ne se fera pas *contre* une bonne partie d'entre nous. D'autre part, la chance — ou le risque — d'un réarrangement politique général est lié au *forcing* de la situation par le Parti québécois au pouvoir. C'est l'aspect positif de la crise chronique: le Québec *is no more taken as granted.*

Tout ne s'est pas trop mal passé jusqu'à maintenant; mais tout peut, n'importe quand et sur presque n'importe quoi, être "bousillé". Désormais, nos chères préférences individuelles vont compter pour très peu. Ce ne sont plus nos avis, doutes ou justifications qui importent, même s'il est temps plus que jamais de les exprimer. C'est ce qui, dans la réalité quotidienne et toute concrète, fonde ces sentiments divers. Nous n'avons plus le temps d'être des témoins ou des observateurs. Nous deviendrons des participants ou des opposants, en l'un et l'autre cas de façon obligée.

De l'imagination

J'aimerais pouvoir annoncer que nous allons éviter, et non pas seulement ajourner, la grande crise aiguë. L'hypothèse plausible qui permettrait de l'éviter est encore très fragile: c'est celle de la zone très restreinte où, pour remédier aux désastres de la séparation, on empêcherait qu'elle ne se produise.

Qui "on" ? — Tout le monde, Québec et les autres capitales provinciales, et surtout Ottawa. Dans la capitale centrale, "on" ne comprendra que dans la mesure où la population québécoise, à l'incitation de son gouvernement, sera effectivement engagée dans le processus de l'indépendance. Dans les autres capitales, "on" aura déjà lâché le Québec, en des rangs dispersés, sans même l'apparence de quelque "front commun". A Québec, "on" aura été forcé, ou "on" aura senti qu'on l'est (avec les mêmes conséquences), d'aller jusque-là. Je ne vois pas aisément au bout de cette gabegie l'aube d'une indépendance radieuse.

A la conférence des premiers ministres, M. Trudeau répondait à M. Lévesque: "L'entreprise est telle qu'il faudra apporter à sa réalisation la grande prudence, la bonne foi et l'imagination qui sont à sa mesure". Belle phrase. J'en retiens surtout le mot d' "imagination". C'est par l'imagination que la catastrophe pourra être évitée. La "bonne foi", même flagrante, n'est toujours que présumée par les adversaires: elle ne change pas les données de la lutte. Depuis le 15 novembre, le gouvernement québécois et tous les autres ont fait preuve de "grande prudence". Ni les pots, ni la vaisselle n'ont été cassés. Je voudrais être davantage sûr que *l'imagination est au pouvoir* selon le beau titre d'un livre récent.

Pour être de bon compte on admettra d'abord que le nouveau gouvernement québécois, en même temps qu'il joue le jeu normal, ne peut s'attendre qu'Ottawa n'en fasse pas autant. Mais c'est de ce "jeu normal" qu'il faut sortir sans trop tarder. Il est peut-être inévitable pour un temps encore, mais le plus court possible car il n'y a pas de promesse de ce côté-là.

Give and take, couper la poire en deux, "tordage de bras", signes plus ou moins selon les colonnes de chiffres, marchandage et maquignonnage, ambiance de foire d'empoigne sans l'empoignade, bombage de torse et menaces voilées: tout ça manque de classe comme spectacle et de dignité pour les personnes en cause. Un régime qui s'installe en cette continuité, manque d'efficacité, n'est pas bon. Les Canadiens de toutes origines méritent mieux que ça.

Un agent historique

Une responsabilité de *clearing house* ou de chambre de compensation, c'est défendable en suppléance, mais ce n'est pas sur le même plan qu'une fonction générale d'initiative et d'intégration: il faut choisir sa marque propre. M. Trudeau, pour un temps également très court pour lui, est à portée d'une chance historique qu'il a encore les moyens de saisir. En leur règne, MM. Saint-Laurent et Diefenbaker ne l'ont pas vue en suffisante clarté, faute d'une situation suffisamment grave et pressante. M. Pearson l'a perçue mieux que tous les prédécesseurs, mais il n'a guère pu qu'enregistrer l'ampleur de la crise latente. M. Trudeau aura tôt à choisir entre un rôle d'agent historique pour inverser le courant et celui de rafistoleur-conservateur d'un fédéralisme d'accommodements à la petite semaine et qui n'est voué qu'à générer des mécontentements de tous côtés, y compris du sien.

Il faut refuser de se laisser enfermer dans les cornes du dilemme: fédéralisme qui étouffe et indépendance qui détruit. Il y a une troisième voie qui est celle de la ré-association. Cela ne se définit pas en deux coups de "cuillère-à-pot". C'est à inventer hors de la dialectique d'opposition actuelle qui n'est pas créative.

Le régime fédéral actuel marche selon une bizarre cadence: d'enlisement en dés-enlisement jusqu'au prochain enlisement... Cette situation est le meilleur agent recruteur des indépendantistes québécois. Peter Newman intitulait son éditorial du dernier numéro de *Maclean's:* "Lévesque can only propose separation — English Canada can make it inevitable".

Le Parti québécois a de l'avenir au Québec en deçà de l'indépendance. Le Parti libéral n'a pas d'avenir, ni au Canada ni au Québec, hors de la considération sérieuse (et pour un temps secret, bien sûr...) d'une toute nouvelle approche globale.

On peut identifier cette formule à inventer par le doublet Commonwealth-Communauté, mais peu importe l'étiquette. Je parle pour l'avenir. Mais l'avenir peut être court, qui commence demain.

L'arrivée au pouvoir du Parti québécois a lancé le Canada dans une phase préconstituante. C'est "l'imagination" qui, à tous les pouvoirs canadiens, permettra d'aborder la phase constituante de la véritable association à réinventer. Je plaide seulement pour ceci: comme la crise fondamentale est devant nous, je demande qu'on n'y tombe pas tête première, ou qu'on songe à l'éviter en la réglant d'abord par "l'imagination". La "grande prudence" et la "bonne foi" feront le reste, qui est bien moindre. L'imaginaire peut être justifiable lorsqu'on l'essaie. Le "réalisme" outaouais a été essayé...

Troisième partie

ACCÉLÉRATION
OU DÉCÉLÉRATION ?

20

L'INDÉPENDANCE
POURQUOI? QUOI? POUR QUI?

L'esprit humain est ainsi fait qu'on donne toujours des solutions claires et accessibles à des problèmes complexes et ardus. A défaut de cette illusion, on s'enterrerait en fatalisme d'épaisse passivité. Mais, par instinct critique, scepticisme ou parti pris de prudence, des esprits de plus grande exigence ne croient guère aux "solutions" qui ne semblent que déplacer les problèmes. Entre ces extrêmes, pour dialoguer entre gens de bonne compagnie, il faut faire comme si les réponses à fournir étaient suffisamment simples pour en parler avec aise, pour les résumer d'un mot dans le langage de tous les jours.

Depuis une quinzaine d'années, le destin collectif d'une société, la "québécoise", est posé en termes de politique. On a insuffisamment remarqué qu'au moment où cette collectivité s'identifiait comme une société spécifique, elle s'affirmait encore en forme d'Etat, comme pour se *dé-provincialiser.* Il y avait quelque esbrouffe à se dire "l'Etat du Québec" plutôt que la province du même nom; mais la capitale outaouaise n'y croyait goutte jusqu'à l'affaire du Gabon sous le gouvernement Johnson. D'ailleurs les entités fédérées ne s'appellent-elles pas *states* en ces fédérations orthodoxes des Etats-Unis et d'Australie?

L'aspiration globale d'une collectivité politique est l'*indépendance,* mot du langage courant qu'on comprend d'emblée. Le statut juridique d'une collectivité politique est la *souveraineté,* notion déjà plus construite. Comme nulle société politique n'est absolument indépendante ni strictement souveraine, la question se pose d'une forme de *ré-association* avec ce qui reste de l'ensemble d'où la société en cause se détache. L'origine de toute émancipation soulève le problème de l'*autodétermination*, principe plus total que celui du *self-government* hérité de l'histoire coloniale. Le moyen populaire d'exprimer l'autodétermination et de la quantifier est le *référendum*. On parle plus proprement de *sécession* que de séparation (ou de séparatisme) dans le cas de la sortie d'une unité fédérée du système fédératif. Enfin la Confédération canadienne, comme la Confédération helvétique, est plus exactement une *fédération* avec primauté très nette des organes communs et unificateurs.

Ces notions sont monnaie courante dans le grand débat actuel. On peut s'en servir en leur sens général sans recourir aux subtilités de la théorie. Mon discours est de journalisme et non de science politique ou de droit public.

Les interrogations usuelles de la communication quotidienne en toutes espèces de choses, les graves et les banales, sont les mêmes que celles qui mettent en cause le destin d'un peuple. L'*indépendance:* Pourquoi? Quoi? Pour qui? La *souveraineté:* Comment? Quand? La *réassociation:* si l'indépendance s'accomplit, la Souveraineté-Association; sinon l'indépendance, une forme à inventer que j'appelle, par hypothèse, une nouvelle Communauté-Commonwealth.

◆

Les raisons pour l'indépendance sont multiples et fort diverses selon les niveaux et perspectives des polémiques en cours. Elles culminent en une valeur, les dominant toutes et les résumant en forme de postulat: *rien ne vaut l'indépendance.* Il est préférable d'être une majorité décidante et agissante plutôt qu'une minorité influente et agie: nul ne peut y contredire. Mais pour être retenu, tout postulat doit trouver appui dans des corollaires concrets. Le premier est de vouloir l'indépendance, un autre est de la pouvoir, ce qui est une question d'un tout autre ordre. Dans notre histoire, les occasions, rares et peu propices, furent ratées. L'événement du 15 novembre 1976 peut être le début d'une occasion unique, qui ne sera peut-être plus répétable. Chance ou malchance, on verra sous peu.

L'indépendance est acte de maturation et grand défi de responsabilité. Elle est la reconnaissance politique d'un *soi* collectif s'affirmant comme actif. Elle n'est pas l'identité qui relève de la culture, mais identification par vouloir-vivre commun. L'identification volontaire vaut plus que l'identité, mais ne s'y supplée pas. Si l'identité est faible, l'identification peut être autant appauvrissante que moyen d'enrichir l'authenticité. On peut appeler *francité* en Amérique du Nord cette identité qu'il s'agit de rendre authentique. La notion de *québécité* rendrait bien et cette identité et cet effort d'identification.

Ça ferait du bien à notre québécité que de n'avoir plus à imputer à l'instrument d'un demi-Etat un tas de nos infériorités et retards, que de réussir au moins une fois quelque chose d'important dans l'histoire, que de modifier nos complexes traditionnels de demi-dominés en nouveaux syndromes de nouvellement indépendants. Oui, ça nous changerait de ne plus accepter une situation de conditionnés pour assumer une nouvelle situation de conditionnants de notre propre histoire. Nous nous y retrouverions, en nous étonnant nous-mêmes. Le sentiment de précarité collective provient peut-être plus de la personnalité imprécise, divisée en elle-même, que de la vague perception des obstacles extérieurs.

Justement, ces obstacles ont été trop peu pressants. Nous avons peut-être été la minorité ethnique la mieux, ou la moins mal, traitée de l'histoire des temps modernes. Loi du moindre effort, libéralisme généreux ou calcul astucieux du dominant, comment en décider? Et quelle importance? Mais la *tolerance* a manqué d'élégance, diminuant ainsi son efficacité: on nous faisait sentir, même avec générosité, notre condition de minoritaires. Nous nous en sommes fait une seconde nature. Au point où, majoritaires chez nous, nous acceptions l'absurdité d'être minorisés en matière linguistique. Nous y avons mis le temps avant de refuser à continuer à marcher sur la tête. Dans un Québec indépendant, nous cesserions de nous en prendre aux autres, aux autres d'ailleurs comme aux autres d'ici qui se comportent comme s'ils étaient encore ailleurs.

D'autres ont déjà revendiqué avec passion tout cela, qui est bon. Je m'en abstiens. Pourquoi nous répéter? Mais je veux au moins dire qu'un Québec indépendant est parfaitement viable: taille géographique, population, ressources humaines et naturelles, avancement culturel, développement industriel. Je fais l'économie du couplet sur l'indépendance des îles Maldives, des Comores ou de la Papouasie. Nous aurions besoin de l'extérieur qui aura besoin de nous, en probable équivalence mais combien plus stimulante! Les Québécois dans quelque sphère d'activité n'auraient "pas plus de talent" ? — Soit, mais ils travailleraient plus fort avec des exigences plus claires. Cela aussi nous changerait de notre esprit de facilité, formulation polie de notre lamentable paresse qui peut bien n'être que l'expression toute naturelle de la passivité du conditionné. C'est cela, nous sommes trop douillettement colonisés, trop généreusement dominés, trop noblement aliénés; mais nous sommes conditionnés en diable et ça ne se voit jamais aussi clairement que dans notre autoconditionnement.

L'indépendance ne réglerait rien de façon immédiate; mais elle nous relancerait, en tout, par de nouveaux moyens. Nous cesserions d'en parler comme d'un MANQUE; à partir d'elle nous pourrions commencer à combler nos manquements, je veux dire de ceux qui dépendent de nous. Ce serait comme la sortie d'une adolescence trop prolongée, en infantilisation persistante selon le langage des psychologues.

◆

Je me suis abstenu autant que j'ai pu de la rhétorique partisane et du prophétisme du PROJET national. C'est pour des fins de synthèse que ces quelques pages ont pris un tour abstrait. Je ne m'en excuse pas puisque c'est un sujet énorme et que je dois couper court.

Rien ne vaut l'indépendance, mais il faut compléter le postulat par un axiome de vie: *à la condition que l'indépendance vaille* par l'usage que nous en ferions. C'est le pari. Nul ne peut décréter à priori qu'il sera gagné, non plus que perdu. Faut-il parier? Ou, y a-t-il choix? — Il n'y aurait pas choix si l'indépendance était, selon la gargarisation courante, "irréversible". Or elle ne l'est pas. Sont nombreux les exemples historiques de marches vers l'indépendance renversées.

L'indépendance n'est irréversible qu'en deux hypothèses: quand la situation de dépendance est perçue comme de plus en plus intenable par la population en cause, ou qu'un vaste processus extérieur *porte,* pour ainsi dire, tel mouvement d'indépendance nationale et compense pour ses faiblesses internes et une détermination imprécise devant les obstacles. Comme exemples de ce second cas, mentionnons les indépendances en chaîne des pays arabes, du Maroc à la Jordanie et la décolonisation de l'Afrique noire jusqu'au cran d'arrêt de l'Angola et de la Mozambique qui est en train de sauter justement. Nous ne sommes pas enveloppés dans une pareille dynamique, encore moins portés par elle. Les exemples qui nous semblent les moins éloignés en Occident européen ne réussissent pas leur indépendance, hormis le cas du Jura bernois qui est d'ailleurs un phénomène de séparatisme régional. L'indépendance du Québec serait unique et, probablement longtemps, la première dans le genre.

Il reste à considérer l'autre hypothèse. La situation de dépendance relative que nous inflige un fédéralisme mauvais et qui ne s'améliore pas par-delà le centenaire, nous embête considérablement et nous fait rouspéter;

mais elle n'est pas perçue encore, jusqu'à nouvel ordre, par la majorité des Québécois, comme quelque chose de proprement intolérable. Dans un fédéralisme de double jeu et de maquignons, nous jouons de l'équivoque et maquignonnons justement comme tout le monde, en fait un peu plus allègrement que les autres maquignons provinciaux. Sauf les partisans du Parti québécois, indépendantistes pressés, les Québécois ne se sentent pas encore bloqués par la gouverne tutélaire d'Ottawa; nous la rentabilisons plutôt vaille que vaille, bon an mal an. Davantage, nous n'établissons pas encore le lien entre notre infériorité économique et l'appartenance à l'Etat fédéral: nous nous frappons plutôt et imputons cet état de choses à des situations réelles plus profondes causées par notre incurie et plus larges que le statut constitutionnel d'un demi-Etat.

Je ne cherche pas à relayer les causes lointaines et plus récentes de cette situation insatisfaisante et à en qualifier les conséquences. Je dis seulement: cela est, ou tout au moins était jusqu'au 15 novembre 1976. La seconde hypothèse qui rendrait l'indépendance *irréversible* — ce qui est le propos actuel — n'existe pas. N'existe pas encore, car cela peut changer encore une fois. Mais le premier obstacle au changement est de le croire enclenché encore qu'il n'en est rien.

◆

Réversible ou non, l'indépendance du Québec serait bénéfique par cette espèce de traitement de chocs que nous administrerions à notre québécité incertaine d'elle-même. Mais il m'apparaît qu'il est un seul argument objectif, irréfutable, qui milite pour l'indépendance: c'est notre décroissance démographique.

Nous avions la langue, la religion, le nombre. Nous sommes en train de sauver la langue alors qu'il n'est pas trop tard. Nous sommes passés à de nouvelles religions plus séculières, dont l'Indépendance qui est à la fois Idole et Paradis perdu à recouvrer. Nous perdons le nombre à un rythme qui décroît plus rapidement que dans les autres régions canadiennes: nous ne pouvons compenser cette perdition par l'addition de l'immigration francophone ou francophonisante.

Le noeud de l'argument est: est-il de précédent historique d'un groupe ethnique qui, en processus de minorisation continue, puisse seulement prétendre maintenir son influence relative dans le tout plus vaste qui l'intègre? Alors? — Alors, on fait l'indépendance ou on fait des enfants. Faire l'indépendance alors que nous sommes encore massivement majoritaires en Terre Québec: plus tard, il sera trop tard. Ou faire des enfants pour que notre influence relative dans le grand tout canadien ne diminue pas trop rapidement et qu'au jour inconnu de l'indépendance hypothétique nous fassions encore nombre — et que ce soit encore NOUS. Et même si on fait l'indépendance il faudra encore une politique nataliste pour des raisons évidentes. C'est le type de calcul *d'investissement* à moyen ou long terme dont sont capables très peu de sociétés.

Je m'excuse d'un manque d'imagination et de transcendance: depuis quinze ans je bute sur cette donnée de base strictement objective, fondamentale au point qu'on n'en parle jamais — comme le caractère inéluctable de la mort de chacun ou cet autre paradoxe, massif, de l'explosion démographique hors des pays d'Occident. (On me saura au moins gré de n'avoir pas argué à coups d'équations et de projections, de n'avoir pas vilipendé la pilule et le docteur Morgentaler, ni d'avoir affirmé ma foi ancienne et sans retour en un féminisme conséquent et total.)

◆

La preuve du caractère *désirable* de l'indépendance est facile à faire: valeurs de l'identité dans la liberté. La contre-preuve l'est beaucoup moins: l'indépendance n'a pas été essayée. Ce n'est pas une contre-preuve que de la refuter par des abus de nationalismes d'ailleurs ou d'autres temps. C'est la preuve du caractère *faisable* de l'indépendance qui est ardue. C'est une preuve qui s'administrerait en la faisant justement. Le processus, gonflant, va en ce sens. Après la germination des années 1960, les résultats électoraux des élections de 1966, 1970, 1973, 1976 marquent cette gradation continue: 10, 23, 30, 41 pour cent. Avec le dédouanement aux dernières élections du référendum ajourné, le plein indépendantiste est-il atteint? — Je n'en sais rien. Personne n'en sait plus que ce que les prochains sondages et le référendum vont révéler. Quel est le plus grand pas: avoir mis le P.Q. au pouvoir le 15 novembre 1976 ou voter majoritairement en faveur de l'indépendance au référendum? Si j'étais sûr que ce "plein" est atteint, il n'y aurait plus qu'à fermer ce chapitre en faisant l'apologie de l'ACTE II de la Révolution tranquille, commençant après un intermède longuet de dix ans de grisaille.

Il me semble tout au moins plausible d'avancer qu'apparaissant pensable à un nombre croissant de Québécois, l'indépendance se fera peut-être. A partir de cette hypothèse, je continue. Non pas seulement pour la commodité du raisonnement, mais pour ce facteur tout essentiel que, dans la mesure où l'indépendance devient faisable, elle devient plus désirable. C'est l'optique d'exactitude; croire, à l'inverse, que plus l'indépendance est perçue comme désirable plus elle devient faisable, c'est l'optique fausse. La raison devrait en paraître éclatante: l'indépendance se fait *avec* et *contre* quelqu'un.

Le théoricien en chambre, par métier, peut se permettre cette coquetterie d'avoir une préoccupation presque obsessive du faisable lorsqu'il se dédouble en chroniqueur d'occasion. Je n'ai jamais pu porter qu'un intérêt médiocre à l'indépendantisme et au socialisme comme credos: c'est lorsqu'ils deviennent une foi agissante et contagieuse que ces *ismes* nous replongent en un concret passionnant à étudier et engageant à vivre. Comment contrer des mouvements qu'animent des forces vives dont on a pu désespérer et qui commencent à bouillonner? C'est pourtant l'heure du devoir de la plus sévère lucidité, mais sans mesquinerie. "Le dialogue de la tête et du coeur" se parle par l'homme complet qui en est le siège et l'objet (texte 9). Pour parodier un mot, usé par la gloire de son auteur, la tête a ses raisons que le coeur ne reconnaît pas toujours. En telles occurences historiques, c'est parfois le coeur qui dit les raisons décisives, les raisons du faisable...

◆

L'annonciateur des indépendances africaines, Kawame Nkrumah, a déjà dit: "Cherchez d'abord l'indépendance et le reste vous sera donné par surcroît". C'est un joli mot, mais il n'est pas vrai. Le fondateur de la république de Ghana se fit statufier plus grand que nature devant le Parlement d'Accra. Il acceptait volontiers qu'on l'appelât le Conquérant, le Rédempteur, Sa Majesté Messianique. Il fut renversé, eut la chance de mourir de cancer en Guinée et non pas de ridicule au Ghana.

Il arrive que l'indépendance nationale sécrète euphorie et mégalomanie. Rien de semblable ne s'acclimatera sur nos rives. Cette garantie, négative, ne suffit pas. Quel que soit son sort prochain, c'est à la gloire du Parti québécois et de ses leaders, qui donnent le ton et dressent les lignes, d'avoir constitué la plus belle équipe démocratique de toute notre histoire. L'air politique québécois est moins pollué depuis le 15 novembre 1976, bien qu'il y ait des bourrasques à l'horizon. Ce parti a réussi la belle prouesse de n'être pas inconditionnel de ce qui lui a donné sa raison d'être.

En politique, il ne faut être inconditionnel de rien si ce n'est de la pureté rigoureuse des moyens. Ce sont toujours les moyens douteux qui dévaluent les fins nobles. La plus grande force du Parti québécois ce n'est pas dans la poursuite de l'indépendance, encore que l'idée soit de sa nature, attractive. C'est dans son caractère foncièrement — j'allais dire bêtement — démocratique. Force, non parce qu'elle désarme les adversaires ou les dissémine, mais parce que ceux-ci ne peuvent pas le combattre n'importe comment, et fricoter les grands principes par exemple. Aux beaux jours de l'éphémère Révolution tranquille, où allaient les meilleurs éléments en disponibilité d'action politique? Où vont-ils maintenant? Mais ici je retrouve mon autre obsession: celle des *oppositions nécessaires en face des pouvoirs quels qu'ils soient*, surtout lorsqu'ils sont en force pour une cause de grandeur. Il est temps que le Parti libéral du Québec commence à redevenir quelque chose.

La démocratie péquiste, intention et action effective, vaut déjà sans les fruits de l'indépendance promise: "un tiens vaut mieux que deux tu l'auras". Cette presque démocratie modèle ne doit pas sombrer dans les aléas de la lutte pour l'indépendance. Si les nécessités du combat ébréchaient les valeurs démocratiques, vraies parce que se vivant, il faudrait combattre ce parti et son grand projet ainsi dévalué. Si le choix se présente entre la recherche de l'identité québécoise et la promotion de la liberté efficace, c'est la seconde qui l'emporte. Il vaut mieux être incomplet qu'opprimé.

Ceux qui refusent l'aventure de l'indépendance devront faire montre d'implications démocratiques supérieures. Parce que le Parti québécois a valorisé démocratiquement l'indépendance, il est devenu moins aventureux de la poursuivre.

21

L'IDÉE D'AUTODÉTERMINATION

Le point faible du développement précédent a consisté à considérer l'indépendance comme faisable ou déjà faite. Est-elle un but accessible? — Certes pas aisément. Les futurs indépendants devront d'abord le vouloir avec une suffisante détermination qui devra se dénombrer en majorité, encore indéterminée, mais qui devra être imposante. Ça sera l'affaire du référendum: le quand. Elle présuppose une question préalable, l'autodétermination: le comment.

Il y a les indépendances octroyées ou consenties, et les indépendances arrachées après tensions, heurts et conflits. Les premières se produisent à point nommé lorsqu'au bout de longues luttes, parfois et en partie sanglantes, il apparaît que la totale émancipation soit la seule issue. Une indépendance n'est, de fait, irréversible que lorsqu'elle est déjà en train de s'accomplir. L'indépendance du Québec devra être "arrachée". Sous une forme ou une autre elle devra encore être consacrée par qui se verra forcé d'y consentir. On n'en est pas encore là. La volonté des Québécois de vouloir l'arracher est encore douteuse.

A supposer que cette volonté se précise par voie de référendum la vraie lutte commencera selon un rapport de forces inégales et même dissymétriques. L'inégalité est évidente. La dissymétrie peut convertir la faiblesse en force; c'est celle de la seule force supérieure dont les indépendantistes québécois puissent faire usage: le principe moral de la libre disposition des peuples à disposer d'eux-mêmes.

Ce droit de nature, proclamé dans des grands textes historiques de philosophie politique jusqu'à la toute récente déclaration d'Helsinki, est cependant né dans les faits tant et tant, partout dans le monde, aujourd'hui comme hier. En forme elliptique, on pourrait dire que son application matérielle est liée au principe très pragmatique du *dégagement de la plus grande force* — étant entendu que des "forces" purement morales peuvent en être des composantes parfois décisives.

Notre constitution qui, entre autres lacunes, ne prévoit pas sa propre révision, est strictement silencieuse sur la sortie éventuelle du pacte fédéral. Elle ne connaît pas l'hypothèse de sécession d'un des Etats fédérés. Seule la constitution, verbale et irréelle, de l'Union Soviétique reconnaît un tel droit pour les régimes fédératifs: c'est un article parure qui n'engage rien et ne trompe personne.

On ne peut faire constitutionnellement l'indépendance du Québec. Idéologiquement, elle devra s'appuyer sur un principe au-delà de la constitution ou méta-constitutionnel. La constitution sera alors suspendue, amendée, défaite et refaite par une série d'appareils juridiques. Le rapport actuel à l'unité de la multiplicité des provinces sera ramené à celui d'au moins une dualité: Québec et une entité politique, pouvant rester multiple, dont elle se serait soustraite.

◆

Ce qui a changé au Canada depuis une dizaine d'années, et que la situation créée par le 15 novembre relance dramatiquement, c'est la perception, encore diffuse, que quelque chose d'important et peut-être d'éclatant devra être tenté si l'on veut sauver cette vaste collectivité politique au nord des Etats-Unis. On a eu, on a pris le temps de s'habituer à cette idée qui nourrit malaise mais sans susciter forte imagination.

On prend enfin conscience que *What does Quebec want* peut bien être finalement devenir une majorité

138

politique en forme d'Etat, point. On sait aussi que ce qui était encore impensable, il y a quelques mois doit commencer à être pensé comme une éventualité prochaine. On dormait: le réveille-matin a sonné comme une alarme au soir du 15 novembre. Mais on n'est encore qu'au début de la journée.

De l'amas des multiples déclarations politiques, sondages et enquêtes, manifestes et commentaires, je ne retiens qu'un seul exemple, le plus favorable au changement. Le journal canadien au plus fort tirage, le *Toronto Star*, joue les Cassandres depuis dix ans. Le 4 décembre 1967, rompant avec l'euphorie estivale de l'Expo 67 et du glorieux centenaire, il écrivait: "Le Canada anglais doit être raisonnable et même généreux dans sa tentative d'accepter les conditions auxquelles le Québec est prêt à demeurer au sein de la Confédération. Mais cela n'est peut-être pas encore suffisant. La simple prudence nous oblige maintenant à regarder en face la possibilité d'une séparation du Québec d'avec le reste du Canada... nous devrions être préparés à accepter l'échec de notre association difficile avec le Canada français tout en essayant de la sauver." En avril 1971, le même journal prônait une séparation négociée dans l'hypothèse où les Québécois se déclareraient majoritairement en faveur de l'indépendance.

De la même salle de rédaction — sous les mêmes plumes anonymes? — est sortie cette série de cinq éditoriaux de première page à la fin de novembre 1976: "Tel un somnambule, le Canada marche tranquillement vers le désastre et nos leaders nationaux ne sont pas prêts de nous réveiller... Pour effectuer les changements nécessaires, on devrait reconnaître au départ que le système fédéral tel qu'il existe et la stratégie du premier ministre Trudeau pour garder le Québec dans la Confédération ont échoué. Ce qu'il nous faut, c'est une approche totalement différente du problème doublée d'un gouvernement formé par des Canadiens éminents choisis en fonction de leur valeur et non de leur allégeance politique." Un texte de cette veine est certes en avance sur tout le monde, sur les lecteurs du *Toronto Star* en particulier. Il reste, toutefois, symptomatique. Des chuchotements ont pris l'amplification de la place publique.

Je ne cherche pas à conforter des désirs d'indépendance inquiets. Mais c'est ainsi que commence à s'insinuer l'idée du principe d'autodétermination dans les consciences. C'est peu: mais c'est beaucoup à partir du caractère, hier encore impensable de l'acceptation des conséquences éventuelles. Quand M. Trudeau dit aux Canadiens des autres provinces de ne pas compter sur lui pour maintenir le Québec dans la Confédération par la force, ce langage signifie encore deux autres choses: le lien constitutionnel ne lie pas absolument parce qu'il peut être dénoué par défaut de consensus fondamental; c'est par les même *armes* de la persuasion qu'il prétend convaincre les Québécois que le lien doit être maintenu.

Au nom de quoi? — Dans les deux cas au nom de quelque principe supérieur, applicable aux nations civilisées et qui ne se trouve pas dans la Constitution, mais qui est le fondement au moins latent de toute constitution. Une constitution est une réglementation générale qui pivote autour d'une règle fondamentale du jeu, qu'on l'appelle présomption de consensus, libre ou autodétermination, droit des peuples à disposer d'eux-mêmes, etc. Le principe est non moins réel parce que latent et non manifeste, ou non formalisé en texte solennel.

La contradictoire de ce principe est l'*ultima ratio* de la force. Son rejet est la reconnaissance implicite du principe d'autodétermination qui n'est affirmé positivement que par ceux qui s'en prévalent pour des fins d'émancipation. Il n'est que consenti, ou reconnu négativement, par les autorités qui se refusent à recourir à sa contradictoire logique. Seul, le déroulement des événements peut jeter plus de clarté: la doctrine est constante, mais ses applications souffrent un tel nombre d'exceptions à travers des applications indéfiniment variées.

◆

Au Canada, le principe de l'autodétermination est à l'ordre du jour depuis une dizaine d'années. Les délégués des Etats généraux du Canada français le votèrent en assemblée générale à une écrasante majorité (86 p. cent) en novembre 1967 — une façon comme une autre de célébrer le centenaire de la fédération canadienne. Plus récemment, sous l'impulsion de leur aile québécoise, les partis NPD et conservateur ont débattu parfois avec passion et ambiguïté de la reconnaissance de ce principe.

Comme conséquence de ·la ronde des conférences constitutionnelles un Comité spécial mixte du Sénat et de la Chambre des Communes sur la Constitution du Canada a été institué au début des années 1970. Il a procédé pendant deux ans à des travaux d'importance, a entendu de nombreux témoignages à Ottawa et à travers le pays. Son rapport final, déposé le 16 mars 1972, ne reconnaissait pas le droit à l'autodétermination du Québec, ni à aucune province. Il recommandait toutefois que le préambule de la constitution canadienne devrait "reconnaître que l'existence de la société canadienne tient au libre consentement de ses citoyens et à leur volonté commune de vivre ensemble, et que tout différend entre eux devrait être réglé par des moyens pacifiques" (recommandation 6).

Ce rapport, fort détaillé avec ses 185 recommandations pour rendre le fédéralisme canadien plus présentable, ne suscita pas l'intérêt actif que pareille étude eût dû entraîner. Selon le chroniqueur parlementaire de *la Presse*, M. Claude Turcotte, "à part une certaine agitation créée par certains députés dissidents", le rapport "n'a pas présenté plus de rebondissements qu'une balle de laine qu'on lancerait dans un oreiller" (25 mars 1972).

Deux membres de ce Comité, Messieurs Pierre de Bané et Martial Asselin, ont présenté un rapport minoritaire qui, après avoir affirmé que "si le Québec peut exister sans le Canada, le Canada ne peut exister sans le Québec", affirme la recommandation suivante: "Or, il nous paraît essentiel que, dans le texte même de la Constitution, on reconnaisse à la société québécoise, donc au Québec, un droit fondamental à l'autodétermination" (recommandation n° 2). Arguant de "l'intérêt éminemment pratique" d'une telle recommandation, le rapport soutient qu' "il n'est pas nécessairement exclu que le Parti québécois prenne un jour le pouvoir au Québec". (Ce texte fut rendu public le 7 mars 1972.) "Notre souci, précisaient les auteurs, n'est pas de faciliter l'indépendance du Québec, mais si mouvement vers l'indépendance il y a, de prévoir des conditions de son évolution ordonnée et démocratique au cas où des groupes de l'extérieur du Québec s'aviseraient de s'y opposer par n'importe quel moyen."

Parmi les témoignages qu'entendirent les membres du Comité mixte, l'idée de la reconnaissance du principe d'autodétermination fut soulevée, non pas par des membres en vue du Parti québécois, Messieurs Jacques Parizeau (séance du 11 février 1971) et Jacques-Yvan Morin (séance du 6 mai 1971), estimant peut-être que le principe allait de soi, mais par des universitaires connus pour leur non-affiliation partisane: Messieurs Laurier Lapierre (séance du 4 février 1971), Léon Dion (séance du 30 mars 1971), le soussigné (texte ici reproduit no 6; séance du 4 mai 1971), Jean-Charles Bonenfant (séance du 17 juin 1971). Richard Arès, s'appuyant sur un texte clé du rapport Laurendeau-Dunton, soutint que "le Québec constitue une société distincte et originale qui veut être reconnue comme telle et qui se sait actuellement la meilleure, sinon l'ultime chance de vie ou de survie des Canadiens français" (séance du 9 février 1971).

Le Comité mixte des députés et sénateurs recula devant l'audace d'une reconnaissance explicite du droit à l'autodétermination, de crainte qu'il n'y ait là encouragement aux poussées sécessionnistes, encore qu'un des coprésidents, le député Mark MacGuigan, se défendait de mettre sur le même pied autodétermination et séparatisme (*le Devoir*, lettre du 15 juillet 1971). Dans mon témoignage, je résumais ainsi le rapport autodétermination-sécession: "La reconnaissance du principe de l'autodétermination d'une des unités fédérées de l'Etat fédéral canadien n'impliquerait pas l'approbation par avance d'un processus de sécession. Il ne contribuerait pas plus à l'accélérer qu'à l'arrêter. Son résultat essentiel dans l'ambiance trouble d'aujourd'hui serait de rasséréner l'atmosphère, en mettant toutes les autorités publiques du Canada devant leurs responsabilités essentielles du moment dans l'éventualité d'une situation pré-constituante désormais pensable, sinon fatale" (dernier paragraphe du texte). En 1971, le principe de l'autodétermination du peuple québécois était devenu pour la première fois un sujet dont on parle sérieusement dans la capitale fédérale.

◆

Les seuls sondages dont on puisse vérifier l'exactitude portent sur les résultats électoraux qui en démentent ou confirment les prévisions. Comment, au-delà de leurs méthodes, prendre parti sur la validité des sondages qui posent des questions dont les résultats ne peuvent être soumis à une telle vérification après coup? Politiciens et partisans s'empressent de les interpréter à leur faveur ou de les minimiser à leur moindre défaveur: c'est bien connu. Toutefois, les sondages, variés et multipliés selon une certaine longueur de temps, nous procurent les seules indications de tendances générales dont on puisse faire état.

Ainsi, au sujet de l'autodétermination qui est le

propos actuel (1) on peut faire état d'un sondage de l'Institut canadien de l'opinion publique (Gallup) qui peut paraître pour le moins étonnant. Rendu public à la mi-avril 1971, ce sondage posait la question suivante: "Acceptez-vous le principe que le Québec devrait avoir le droit de se séparer du Canada si la majorité de ses citoyens le veulent ou pensez-vous que le Québec devrait être maintenu dans la Confédération par la force, si nécessaire?" On aura noté le corollaire du recours à la force comme non-reconnaissance d'un tel principe.

A une telle question on se serait attendu à ce que les Québécois aient été davantage que le reste des Canadiens favorables au "droit de se séparer". Ce fut le contraire: seulement 30 p. cent se reconnurent ce droit contre 50 p. cent, avec 20 p. cent d'indécis; pour les autres Canadiens, ces résultats devinrent 40 p. cent, 46 p. cent et 14 p. cent et furent spécialement marqués dans la région de l'Ouest (où l'on entendit récemment l'exclamation du *"Let them go!"*) avec des chiffres de 49 p. cent, 44 p. cent et 7 p. cent.

Encore, après six ans, la première réflexion qui s'impose devant ces chiffres serait de ne pas oublier les dates: on était à ce moment-là à quelques mois de la *visite*, voyante et persistante de l'armée canadienne, au titre de la loi des mesures de guerre, lors du célèbre

---

(1) "Propos actuel" et très rapide! Sur cette question et les multiples aspects de l'indépendance en théorie générale et dans le cadre juridique canadien, il faut recommander le livre récent — et fort opportun — de Jacques Brossard: *l'Accession à la souveraineté et le cas du Québec* (Montréal, Les Presses de l'Université de Montréal, 1976). Ouvrage de bénédictin, ce livre de spécialité doit être considéré comme un vade-mecum pour le citoyen conscient de l'envergure et de la profondeur de la crise actuelle. L'auteur a eu l'excellente idée de faire des résumés de son élaboration en forme de deux séries de propositions aux pages 304-308 et 727-732. Ainsi le lecteur non spécialiste et "pressé" peut prendre connaissance de l'ossature de l'argumentation sous la forme de quelque 40 propositions brèves avec les références appropriées.

automne 1970. Mais une première réflexion est rarement une explication suffisante.

22

RÉFÉRENDUM OU "SONDAGE"?(*)

Nous avons pu apprendre lors du week-end de la Noël — fête de l'amour — que la bataille du référendum aura lieu sûrement, quoique à une date encore imprécise. D'Ottawa aussi bien que de Québec on nous annonce les grandes manoeuvres du printemps, en précisant bien qu'on inventorie déjà les arsenaux de la propagande et que les armes, heureusement encore politiques, ne manqueront pas qu'on fourbit déjà. Nous, en notre culturalité québécoise et en notre citoyenneté canadienne, nous avons le droit d'exiger que cela se déroule en clarté suffisante. Nous ne sommes pas qu'enjeu, mais serons encore participants.

◆

Dans une société "juste" (Trudeau) et "civilisée" (Lévesque), il devrait être possible de contrôler la crise chronique pour qu'elle n'arrive pas, ou tout au moins trop tôt, à sa phase aiguë, qui laissera des traumatismes même à la partie qui pourrait s'estimer vainqueur. C'est un voeu, j'en conviens, mais je ne m'en excuse pas puisque aucun des gouvernements canadiens n'a encore gâché une situation délicate pour tous. Aussi jusqu'à la campagne du référendum exclue, on peut raisonnablement espérer

_____
(*) *Le Devoir*, 4 janvier 1977.

ou parier que cette situation continuera encore quelques mois.

Je maintiens quand même mon postulat qu'une société dite "moderne" et consciente d'elle-même peut mieux, ou moins mal, surmonter ses crises de régimes que planifier son développement global. N'est-ce pas ce qui se produit depuis le 15 novembre?

D'abord, le nouveau gouvernement québécois s'estime au pouvoir autant lié par la promesse morale de ne pas changer le statut de l'Etat du Québec sans un nouveau "mandat" par voie de référendum: pour un temps il continuera à jouer le jeu qu'il réprouve en principe. Le gouvernement central qui dispose des "grands moyens" militaires et policiers, économiques et financiers, s'abstient de lancer des actions d'encerclement ou d'asphyxie. Il reste donc toute une série d'évolutions intermédiaires possibles. Par la conception d'une indépendance-association, et par des moyens de démocratie substantielle et non seulement formelle, le gouvernement néo-québécois en propose une. Par la possibilité d'un fédéralisme à renouveler, et selon des exigences de démocratie non moins réelle, le gouvernement central a les moyens de ne pas durcir l'évolution de son point de vue. Ces deux voies sont encore bien loin l'une de l'autre, de fait plus près de l'une ou l'autre des évolutions extrêmes. La crise chronique continue et restera sujette à des phases aiguës. Tant que l'incertitude se perpétue, elle est sans gains pour personne. Cette logique pure de conflit n'a guère d'avenir, si l'on peut dire.

Elle est déjà conditionnée par la grande variable: le référendum. Quel référendum? Quand? Dans quelles conditions? Notons d'abord qu'il s'agit d'une consultation populaire pour fonder le droit à prendre une décision fondamentale et non pour l'entériner ou la refuser. La remarque n'est pas superflue. Car il s'agit de délier un parti, maintenant au pouvoir, d'une promesse antérieure l'empêchant pour un temps d'appliquer l'article premier de son programme. Mais l'insolite, raisonné et justifié par contrat moral, n'est plus étrange. Pour prendre le pouvoir, le Parti québécois devait mettre l'indépendance entre parenthèses; cette étape franchie, il se doit de recourir à une approbation explicite pour une décision d'une telle importance. Ne pouvant imposer cette consultation dans l'opposition, il promettait également d'en décider une fois au pouvoir. Peu courante, cette logique inversée reste une logique.

Il faudrait trois conditions pour que cette logique soit éclairante jusqu'au bout: que la date du référendum québécois soit fixée, que le gouvernement se déclare lié par son résultat quel qu'il soit, qu'une autre autorité ne décide pas d'un autre référendum. Or tout accaparé à ses écrasantes tâches actuelles, le gouvernement québécois n'a pas fixé de date, a parlé de moments approximatifs: dans environ deux ans, pendant la durée du présent mandat électoral. Cela manque de précision d'autant que l'éventualité d'un nouveau référendum (à l'intérieur d'un second mandat électoral?) met en doute la détermination d'être vraiment lié par le résultat du premier référendum.

Et voilà qu'on jonglerait à Ottawa avec l'idée d'un référendum à l'échelle canadienne sur le principe d'une indépendance québécoise. Le résultat pour le reste du Canada en serait connu d'avance. A l'intérieur du Québec? On serait en plein surréalisme politique... La population accepterait-elle qu'une autre autorité, s'estimât-elle supérieure parce que centrale, vienne se substituer au contractant électoral régulier? Les Québécois savaient le 15 novembre qu'ils ne seraient pas "charriés dans l'indépendance", selon l'expression de M. Lévesque. Accepteraient-ils de se voir coincés dans le fédéralisme? Pourquoi dénombrer les effectifs d'une impossible guerre civile, objet de répulsion unanime?

Il n'est de référendum vraiment franc et moralement

147

légitime que lorsque ceux qui en décident s'exposent à voir leur proposition battue, ce qui se produit du reste très rarement. Pas fous les gouvernants, lorsqu'ils en ont le choix ils décrètent cette procédure au moment estimé favorable.

Le gouvernement néo-québécois a le droit strict de choisir son moment, mais à l'intérieur du présent mandat électoral et suffisamment tôt avant les prochaines élections québécoises pour que les enjeux soient clairement dissociés. Il se doit à lui-même, et à la classe d'exigences politiques qu'il prône, de l'annoncer très tôt. Que risquerait le parti? Que la solution de l'indépendance soit rejetée? L'expression pleinement démocratique sur une question de cette importance transcende même la valeur de l'indépendance et de ses aspects bénéfiques escomptés. Si l'on perdait cette conviction dans ses rangs supérieurs, s'agirait-il encore du Parti québécois?

Le gouvernement outaouais, *comme gouvernement*, doit se tenir rigoureusement en dehors de cette consultation. Les gouvernants, ministres et députés, ont, à titre individuel ou comme membres des divers partis fédéraux, le droit de participer à la campagne du référendum québécois. Ils sont également en cause: ils n'ont rien à voir à l'indépendance et au principe d'auto-détermination, mais beaucoup à la séparation qui doit la précéder. S'ils sont habiles et fins, hormis les chefs des partis, ce ne devrait être que les députés fédéraux de sièges québécois qui viendront battre la campagne et les villes de "la belle province".

◆

Aucune illusion à entretenir: la bataille du référendum sera sauvage. On sera en plein manichéisme: les bons, nous; les mauvais, les autres. De même que les gains du P.Q. le 15 novembre furent pour une bonne part causés par la faiblesse du gouvernement Bourassa, ainsi les gains pour l'indépendance seront dus à la force mal dirigée des fédéraux et spécialement de M. Trudeau. Chaque fois qu'il fait mention des horribles "séparatistes" (au lieu des indépendantistes, souverainistes, ou simplement des péquistes), M. Trudeau apporte 1 000 voix en faveur de l'indépendance. Chaque fois qu'il manie l'épouvantail de ceux qui "veulent détruire le Canada", je parierais que c'est au moins 10 000 voix dont il fait cadeau à la cause qu'il exècre.

L'indépendance est une cause *passionnante*, c'est-à-dire qui passionne. La décision ne sera pas enlevée par les déjà passionnés qui voient en elle un bien ou un mal absolu. L'entre-deux est vaste, qui est à convaincre et fera la majorité dans un sens ou dans l'autre. Comme *cause*, le fédéralisme, ça ne vaut pas positivement comme l'indépendantisme. C'est une cause qui ne se défend que négativement. Même M. Trudeau qui en présente le schéma idéal et irréel est bien obligé, pour rester crédible, d'avouer qu'il ne fonctionne pas très bien dans ce "diable de pays". De même la propagande antifédéraliste du P.Q. n'a qu'une portée relative, c'est-à-dire négative. Elle n'amène pas positivement des Québécois à l'indépendantisme, tout au plus, elle les empêche de tomber trop aisément dans le panneau d'un fédéralisme présenté comme nécessairement profitable.

Nos deux premiers ministres parlent chacun de la question à deux niveaux. M. Trudeau parle aux Québécois et à l'ensemble de la population canadienne; aux péquistes, il se contente de leur lancer l'opprobre de "séparatistes" qui les hérisse. M. Lévesque parle à ses partisans et à l'ensemble des Québécois; aux autres Canadiens, il ne peut que se souhaiter qu'ils restent "civilisés". Comme chef de parti, M. Lévesque dit à ses troupes: "La vraie perspective d'avenir commence après le référendum. On peut le gagner. Et il faut le gagner". Comme premier ministre, il doit donner des garanties que les Québécois ne seront pas "charriés, etc.".

M. Trudeau fait injure à sa culture politique, qui est grande, en feignant de considérer le référendum comme un "sondage" sans autre portée qu'indicative: "M. Lévesque peut faire tous les sondages qu'il voudra au Québec, je ne vois pas comment ni pourquoi je l'en empêcherais". Heureusement que tout l'homme n'est pas dans cette déclaration! Il est d'autre type d'argumentation pour réserver les droits réels et puissamment acquis de l'entité canadienne en toute éventualité. L'homme qui est apte à déceler la contradiction chez l'interlocuteur se contredit lui-même lorsqu'il conteste qu'une mince majorité, par exemple de 51 p. cent, de voix indépendantistes au Québec ne constituerait pas une "majorité significative". Alors? C'est un sondage ou non? Si c'est un sondage, une majorité de 90 p. cent ne serait pas "significative" parce qu'un sondage n'a pas de signification juridique. Tandis qu'un référendum...

Il ne faut pas s'étonner que, d'une capitale à l'autre, le langage soit discordant puisqu'il est déjà antagoniste. Mais il conviendrait que chaque langage ne soit pas trop longtemps discordant avec lui-même. Il se trouve que nous sommes entrés dans une dynamique collective que j'appellerais de *légitimité renouvelable* (à renouveler ou non, à arrêter). Le régime constitutionnel canadien a permis la naissance et l'accroissement d'un parti sécession- niste comme le P.Q., tant et si bien que ce parti a pu régulièrement prendre le pouvoir mais sous un autre programme que la sécession. Quel est le corollaire de cet état de choses ou de ce fait accompli? Que le parti sécession- niste est voué à la dé-légitimation (par qui? comment?) s'il commence à réaliser la sécession? Ou que la solution qu'il prône, moyennant une re-légitimation par voie de référendum, serait elle-même légitime sinon encore légale? Et si le résultat du référendum a valeur re-légitimante, la proclamation d'indépendance aurait-elle valeur légale? Cette légalité, présumée par l'extérieur, entraînerait la reconnaissance au sens du droit international et avec pleine souvenaineté?

Ce sont là les vraies questions, énormes, qui sont en cause et qui ont plus d'importance que le moral des partisans ou la solidarité des caucus. En deçà de la règle ultime de l'emploi de la force, dont le premier ministre canadien s'interdit le recours en "civilisé" supérieur qu'il est, et au-delà d'un sondage parmi tant d'autres réduisant le gouvernement québécois à quelque C.R.O.P. ou Institut Gallup, Ottawa aura à dire sérieusement sa position morale et juridique devant le futur référendum. Tout le monde est pris de court, bien sûr; personne n'est prêt. Ottawa est excusable, et Québec aussi. La grande inconnue du référendum ce n'est pas sur son résultat: on aura à vivre avec ce degré d'incertitude pour un certain temps. Le très redoutable point d'interrogation porte sur le principe du référendum, sur sa validité, sur sa majorité (qualifiée ou simple, à 51 p. cent), sur ses modalités sujettes à contrôle, etc.

◆

Le Parti québécois a accepté de ne pas faire l'indépendance par erreur ou par fraude. Le Parti libéral du Canada doit accepter de ne pas maintenir le Québec en fédéralisme par le seul droit du plus gros et du premier occupant. Un parti sécessionniste au pouvoir d'un Etat fédéré est un principe de contradiction pour l'ordre — ou le désordre — constitutionnel. Cette situation ne peut cesser que lorsque la sécession est accomplie ou que ce parti ne sera plus sécessionniste. Le référendum est un rite de grande solennité qui peut sacraliser des principes fondamentaux qui valent des deux bords.

23

COMBIEN DE RÉFÉRENDUMS? (*)

Les seuls "sondages" qui comptent sont les élections ou les référendums. Les premières remplacent du monde; les seconds déplacent des idées ou des institutions. Dans telles conjonctures données, des élections peuvent avoir signification de référendum. Des référendums, posant une seule question toute fondamentale, sont des substituts à des élections portant sur toutes les questions et mettant en cause "le monde" à remplacer.

Les référendums sont un cas spécial des plébiscites, nom générique des consultations populaires directes. On emploie d'habitude un terme pour l'autre encore qu'il serait plus exact de les distinguer, le plébiscite portant sur l'approbation d'un homme, le référendum sur l'acceptation ou le rejet d'une institution ou d'un projet. L'anglais tient peu compte de cette nuance. Le plébiscite décidé par Mackenzie King en 1942 pour le délier de sa promesse de ne pas imposer la conscription pour service outre-mer aurait pu être qualifié de référendum.

Le référendum dont il est actuellement question au Québec peut avoir valeur de plébiscite pro ou anti-Lévesque, pro ou anti-Trudeau. C'est ainsi que l'interprétait le premier ministre du Canada en interview à la télévision anglaise CTV dans les derniers jours de 1976: "If he (M. Lévesque) lost a referendum very badly, he obviously would have failed in his *raison d'être* for being a politician, and I would suggest he would go away. And the converse of that — I say it before you say it — is that if Québec were to vote very massively for separation in an

---

(*) *Le Devoir*, 22 janvier 1977.

election or in any other form, I would have failed and I would silently go away, perhaps to fight another day in some other field." M. Lévesque avait répondu par anticipation, une dizaine de jours auparavant, qu'il ne considérait pas son avenir comme lié au résultat du référendum (*le Devoir*, 17 décembre 1976).

Qui a raison? — En logique pure, M. Trudeau — comme toujours de ce point de vue; mais, en évaluation de conjoncture, M. Lévesque n'a pas tort. Quelle conjoncture? — M. Trudeau est réélu depuis 1968 en grande partie pour éviter que le Québec ne sorte de la Confédération. Il ne semble pas être en force grandissante depuis le 15 novembre 1976. M. Lévesque a été élu pour remplacer M. Bourassa et non pas pour faire l'indépendance du Québec, question distincte qu'il soumettra plus tard à l'électorat québécois: son mandat électoral n'est pas conditionnel à un résultat favorable ou défavorable au référendum. S'il perdait celui-ci, la thèse de l'indépendance en prendrait un coup pour un temps ou pour toujours: le dommage serait à porter au compte du Parti québécois et à son leader, mais non au premier ministre du Québec et à son gouvernement. On retrouve une fois de plus la double légitimité: celle des membres du parti québécois et celle des électeurs du Québec. C'est la dernière qui l'emporterait pour toute modification à ce que le 15 novembre a mis en place.

Ce pourrait être un assez éclatant paradoxe de conjoncture qu'une "défaite" de cette nature consolide pour assez longtemps ce gouvernement qui est en force depuis le scrutin du 15 novembre 1976, tandis que le gouvernement d'Ottawa, qui a neuf ans d'usure du pouvoir, est en faiblesse à son propre niveau. C'est la solidité actuelle du ministère Lévesque qui lui permettrait d'encaisser une défaite de cet ordre, par laquelle il se renforcerait encore comme gouvernement et majorité parlementaire. C'est la faiblesse actuelle du gouvernement Trudeau qui lui interdirait d'encaisser une défaite, bien que sur un terrain de bataille qui n'est pas strictement le sien.

Mais le paradoxe va encore plus loin: faible comme gouvernement canadien, le ministère Trudeau peut être suffisamment fort pour gagner, de son point de vue, le référendum québécois. C'est de cet optimisme de la lutte que M. Trudeau faisait preuve lorsqu'il déclarait lors de l'interview précitée: "I think we can clobber the P.Q. so strongly at the referendum that they will no longer have a leg to stand on — and they'll either resign or have to renege on their separatist commitment." Le terme *to clobber*, qui n'est pas dans les dictionnaires, signifierait une action assez rude...

A l'heure actuelle (premiers jours de janvier 1977), on ne voit pas comment le Parti québécois serait en état d'enlever à une majorité significative un référendum favorable à l'indépendance. Mais cette consultation n'est pas prévue pour demain; elle n'est pas encore prévue du tout. (On sait seulement que les bureaux compétents s'affairent sous la direction de M. Burns à mettre au point une loi sur les référendums, indispensable procédure initiale.) La situation peut changer, changera certes jusqu'à cette date indéfinie. Le facteur qui puisse faire basculer une partie importante du peuple québécois dans l'option de l'indépendance peut-il être autre chose que l'intervention massive, maladroite et erratique de M. Trudeau et de ses principaux collègues, le *clobbering* produisant exactement l'effet contraire à ce qui était recherché?

A supposer qu'il y ait quelque accord sur ce qu'est une majorité significative (plurale, majoritaire, qualifiée), il est loin d'être sûr que le référendum puisse être "gagné" ou "perdu", selon mes expressions, volontairement simples pour ne pas compliquer une question déjà suffisamment complexe. Il peut encore y avoir match nul: ce serait tout comme si le référendum n'avait pas eu lieu. Qu'en déduirait-on: qu'un autre référendum serait inutile ou s'imposerait plutôt?

◆

Cette question du référendum embête, noblement, tout le monde, les gens du Parti québécois les tout premiers nullement sûrs de le gagner. Est-ce un boulet qu'on traîne ou un bulldozer auquel il manque la clé de contact? S'ébranlant, le bélier mécanique lance-t-il le début de la marche vers l'indépendance, ou risque-t-il d'écraser ses opérateurs?

C'était bon pour tout le monde que ce respect d'un démocratisme fondamental soit à la base de l'indépendantisme péquiste. C'était bon pour le parti de n'être plus électoralement hypothéqué, comme en 1973 et 1970, pour avoir la chance de constituer la forte opposition qu'il se préparait de devenir. C'est moins bon pour le nouveau gouvernement, en avance sur l'échéancier du parti, qui en a suffisamment sur les bras sans avoir à décider d'une question de cette envergure qu'il ne peut éluder...

Cette espèce de contrat moral que le Parti québécois a contracté au sujet du référendum est à triple obligation: envers ses propres membres; envers l'électorat québécois; envers le reste de la population canadienne. Les termes de l'exécution du contrat, avec ses diverses modalités, dépendent du gouvernement québécois, et non plus seulement, ou principalement, des instances du parti. Ces termes, pour qu'ils aient quelque validité, ne peuvent pas s'établir comme si le reste du Canada ou les structures fédérales n'existaient pas: il faut être deux pour négocier un départ.

On est toujours ramené à l'une ou l'autre des trois branches du contrat moral: Péquistes, Québécois, Canadiens. Il n'y a pas de solution logique et conciliante pour tout le monde, sur le principe de la procédure (sans même prendre en compte la nature des résultats). Ou plutôt si, il y en aurait une, à la limite logique des circonstances actuelles: un référendum d'*investigation* posant la question de tenir ou non un référendum sur la *question de fond* de l'indépendance du Québec! Cette logique extrême apparaîtrait divaguante... et ferait hurler de rage les indépendantistes irréversibles! Mais les votes à venir en la matière du Congrès national du parti vont-ils avoir d'autres signification que celle d'un référendum-maison sur la question?

"L'idéal aurait été que, préférant ne pas soulever la question de l'indépendance au cours de la campagne électorale, le P.Q. fît tout un mandat régulier sous le régime actuel et fît coïncider le référendum avec la prochaine élection", écrit Claude Ryan dans *le Devoir* en date du 29 décembre 1976. L'inconvénient en serait tout de même double: ce référendum-élection se tiendrait à une date éloignée de quatre ans, avec persistance indue de l'incertitude de différents points de vue; il y aurait dans cette fusion des procédures une confusion entre l'enjeu, exceptionnel et déjà énorme, d'un changement de statut du Québec et l'appréciation courante des actions d'un gouvernement régulier, bien qu'il ne soit vraiment pas "comme les autres"!

Il serait peut-être préférable que le gouvernement de Québec décide de la tenue du référendum à l'intérieur du présent mandat électoral mais suffisamment tôt avant les prochaines élections québécoises pour que les enjeux soient clairement dissociés. Mais cela dit, je ne suis pas si sûr que pareille dissociation s'effectuerait en clarté suffisante. Pensons aux partis d'opposition qui feront flèches de tout bois, sans même considérer les conjonctures dont je n'ai évidemment pas la préscience comme tout le monde. Y a-t-il *un* moment favorable pour qui que ce soit?

◆

Comment éviter cette horreur d'un contre-référendum sous responsabilité outaouaise pour gagner de vitesse le référendum québécois? Il faut être bien sûr de sa stratégie globale pour lancer les tactiques des nuages de fumée sur un terrain qui peut être miné... (Et puis, il y a les élections fédérales qui doivent normalement avoir lieu deux ans plus tôt que les élections québécoises; il y a surtout les cinq élections fédérales complémentaires au Québec (par suite de la disparition de Madame Albanie Morin, de M. Réal Caouette et des démissions de Messieurs Jean Marchand, Bruce Mackasey et Roland Courtois) qui devront être tenues tôt ou tard. Les élections fédérales à venir en territoire québécois peuvent-elles éviter d'avoir, dans la conjoncture créée par le 15 novembre 1976, quelque portée de référendum sur l'indépendance ou quelque portée de plébiscite sur la popularité relative de Messieurs Trudeau et Lévesque?) Refermons cette parenthèse sur des variables inconnues et revenons au propos qu'annonçait le début de ce paragraphe.

On peut trouver intérêt à la proposition du Rapport minoritaire de Messieurs de Bané et Asselin dont il a été question plus haut. Ces deux députés arguaient au printemps de 1971: "Comme nous n'avons pas chez nous d'élection fédérale-provinciale, il nous semble impérieux que cette question ne puisse être décidée que suivant une procédure exceptionnelle, à savoir un référendum conçu et exécuté conjointement par les gouvernements fédéral et québécois, et adressé exclusivement au peuple du Québec". Les auteurs avaient en vue la tenue d'un seul référendum portant sur la substance même de l'indépendance ou du maintien du lien fédéral. La question est plus complexe, ainsi qu'on le verra plus loin. On peut encore considérer l'hypothèse de deux référendums distincts comme a fait la proposition de M. Albert Legault (*le Devoir*, 14 décembre 1976): l'un au Québec, administré par son gouvernement; l'autre dans le reste du Canada, administré par les autorités fédérales.

Nous avons assisté ces dernières années à une petite "guerre des sondages". Qu'on s'arrête un moment à imaginer ce que pourrait être une "guerre des référendums" entre Québec et Ottawa! On serait en plein burlesque; la presse internationale viendrait rendre compte du spectacle. Mais ce référendum conjoint, dont Messieurs de Bané et Asselin lançaient l'idée il y a six ans, pourrait être, en seconde étape après un référendum québécois, le plus indispensable (en même temps que le dernier?) des "programmes à frais partagés", pour éviter le pire, ou le ridicule, ou l'indécence, ou le grotesque, ou...

On ne recommence pas des référendums comme on enfile les élections. Ils ne sont pas distributeurs de légalité, mais étapes de "légitimation renouvelable". Le rattachement de Terre-Neuve à la Confédération s'est fait à la suite de deux référendums, le premier ayant été estimé peu concluant. Notons que des trois options que le premier référendum offrait, celle qui favorisait le rattachement à la Confédération ne venait d'abord qu'en deuxième rang: 41.13 p. cent des voix contre 44.55 p. cent favorables à l'autre option du gouvernement responsable. La troisième option (pour un gouvernement de commission), n'ayant eu que 14.37 p. cent des voix, fut éliminée au second référendum.

Son résultat fut de 47.66 p. cent des voix favorables au gouvernement responsable contre 52.44 p. cent en faveur du rattachement à la Confédération canadienne. Je donne ces chiffres pour pointer cette dernière majorité. Si 52.44 p. cent des voix exprimées (en fait 45 p. cent de l'électorat total) ont suffi pour le rattachement de Terre-Neuve à la Confédération, quel type de majorité serait-on en droit d'exiger pour que le Québec puisse, inversement, s'en détacher? J'ai comme l'impression que nous allons avoir à devenir familier avec ce pourcentage magique — ou diabolique — de 52.44. Ce n'est pas tellement plus que 51 p. cent.

◆

On parle *du* référendum parce qu'il y en a un qui est promis. Mais à moins qu'il ne soit carrément battu du point de vue du gouvernement québécois, ou que celui-ci ne suspende son projet sécessionniste, il y aura plus d'un référendum aussi sûrement qu'il faudra commencer par en tenir un. Ce premier référendum serait de *consultation* entre l'électorat québécois et son gouvernement. S'il donnait un résultat nettement négatif, le gouvernement québécois n'enclencherait aucun processus de négociation avec Ottawa, remettrait le projet pour plus tard en se préparant à cette seconde ronde, ou encore abandonnerait son programme d'indépendance. Si le résultat était au contraire nettement positif, il mettrait en branle ledit processus. Si le résultat était imprécis, tout redeviendrait indécis: tout serait à recommencer — ou même à abandonner.

On voit nettement le rapport *vertical:* gouvernement québécois — électorat québécois en un premier temps. En un second temps, il s'agit d'un rapport, disons, *oblique* entre les deux gouvernements, canadien et québécois. A supposer que rien n'entrave le déroulement du processus global, il y aurait éventuellement retour aux rapports *verticaux* distincts: gouvernement québécois — électorat québécois; gouvernement canadien — électorat canadien. Je ne complique pas à dessein: ces rapports et leurs perspectives complémentaires sont dans la nature des choses déjà instituées dans un régime fédératif. Jacques Brossard dans son étude récente (1) énumère la demi-douzaine de référendums possibles selon ces diverses perspectives. Le scénario des "étapes à prévoir" et des "ententes à conclure" comprend, d'après cet auteur, vingt-cinq opérations distinctes (pp. 728-737). Il risque de se produire des courts-circuits.

_____

(1) *L'Accession à la souveraineté et le cas du Québec*, Les Presses de l'Université de Montréal, 1976, pp. 35-65.

Le premier référendum annoncé serait de type *consultatif* entre l'électorat québécois et son gouvernement. Il n'est *pas obligatoire* juridiquement, mais peut-être moralement, que le gouvernement consulte le peuple québécois; selon la même distinction, il n'est pas certain qu'il lie impérativement le gouvernement québécois en conséquence, sauf à ne pas outrepasser l'autolimitation que le Parti québécois s'est imposée en sollicitant un mandat électoral. Il est certain qu'un tel référendum portant sur l'autodétermination n'est *pas constituant*, mais je maintiens qu'il crée une situation pré-constituante. Il peut d'ailleurs avorter en cet oeuf.

Quoi qu'il en soit, ce premier référendum devra remplir toutes les conditions qui rendent ces consultations significatives, libres et honnêtes en posant une alternative "à la fois claire, complète, impartiale et objective" qui ne devraient "porter réellement que sur la question posée". Cette question ne devrait pas comporter de sous-entendu, de double sens, de jeu de mots: ce ne devrait pas être une question-piège. La campagne qui précéderait le référendum "devrait échapper à l'emprise des partis politiques comme tels (puisqu'il ne s'agirait pas d'appuyer un parti mais d'approuver ou de rejeter une décision politique...)". Elle "devrait être absolument honnête et permettre à l'électeur de s'informer de façon objective et suffisante, notamment au niveau des média d'information". L'auteur dont j'emprunte ces citations (Brossard, p. 345) opine que "les conditions de ce référendum devraient être déterminées par les parlementaires aussi bien que par l'Exécutif (ce qui n'eût pas été le cas des référendums prévus par le projet de loi de 1968)".

L'idée d'un référendum conjoint fédéral-provincial (projet de Bané et d'Asselin, plus haut) ne vaudrait d'être retenue que pour une autre consultation lorsqu'on serait rendu à la phase constituante. Toute intervention d'une autorité extérieure, fédérale ou internationale, aurait à la phase première le caractère d'une insupportable tutelle dont les Québécois rejetteraient le principe.

Mais une fois le gouvernement québécois habilité à mettre en branle le processus de l'indépendance, une participation conjointe des deux autorités les plus immédiatement en cause (car il n'a pas encore été fait mention des autres provinces, surtout des deux voisines), serait de nature à faciliter des opérations éminemment délicates et complexes. Ce serait un super-test que la population canadienne est hautement "civilisée" et qu'elle sait se donner des gouvernements de cette exigence...

◆

Le premier précepte de réalisme politique pour l'instant consiste peut-être à s'enlever de l'idée que le premier référendum — sans même tenir compte de son résultat aléatoire — serait le déclenchement de la marche fatale vers l'indépendance. Le second précepte serait de se mettre dans la tête que les fatalités historiques sont toujours politiquement *organisées*. Car le temps des pays est lent pour faire, défaire, refaire.

24

TOURNER LE PROBLÈME A L'ENVERS POUR UNE SOLUTION A L'ENDROIT

Automne 1967: "Se défendant de faire du 'chantage', M. Daniel Johnson prévenait ses homologues des autres provinces que 'le Québec n'attendra pas dix ans' ". C'était à la conférence interprovinciale sur la "Confédération de Demain", convoquée et présidée par M. Robarts, alors premier ministre d'Ontario. Nous sommes en 1977, à quelques mois près du dixième anniversaire de cette déclaration angoissée et annonciatrice. Continuant la même lutte que M. Lesage, M. Johnson avait été amené à cristalliser, en forme du slogan lapidaire *Egalité ou Indépendance*, les exigences croissantes des gouvernants québécois acceptant de moins en moins d'être gênés à leurs entournures fédérales. Cent textes d'hommes politiques et d'analystes des deux langues exprimaient une même inquiétude profonde au sujet de cette situation de crise chronique dont on prenait plus clairement conscience en cet an de grâce, ou de disgrâce, 1967.

Mon propos n'est pas d'archivistique ni même de polémique. Il ne se tient pas sous le seul coup de l'étourdissement du 15 novembre 1976. L'accident de parcours électoral, qui a mis le Parti québécois au pouvoir, aurait pu ne pas se produire que ce serait le même dossier constitutionnel canadien.

La ronde des conférences fédérales-provinciales sur la constitution à la fin des années 1960: un échec. La négociation de la charte constitutionnelle de Victoria de 1971: un fiasco. Le rapport des travaux, longs et consciencieux du Comité spécial mixte du Sénat et de la Chambre des Communes sur la Constitution du Canada: lettre morte sur les tablettes depuis 1972. L'offensive trépidante portant sur le prétendu "rapatriement" de la Constitution: proprement dégonflée aussitôt lancée. Les conférences fédérales-provinciales, routinières ou spéciales: aussi tendues ou grinçantes ces dernières années que par le passé.

On n'arbore plus l'optimisme officiel. Avec le hockey, le téléphone, la bière, les grosses tempêtes d'hiver, l'automobile, le "malaise constitutionnel" est devenu l'élément consubstantiel de notre canadianité.

◆

Avant même que ne se manifestent de façon continue depuis une quinzaine d'années des vices de fonctionnement se perpétuant eux-mêmes, notre constitution était un musée d'horreurs... fédéralistes. Lorsque à l'étranger, à des interlocuteurs de culture politique moyenne, on a à décrire notre système politique, c'est l'impression qui est produite. La simple description de ce qui est apparaît une charge caricaturale ou une boutade. Il faut se porter garant sérieusement qu'on n'invente rien.

Pas de chambre des Etats fédérés, mais notre Sénat qui n'est pas présentable, bien que quelques sénateurs soient fort montrables, estimables même , ce qui ne suffit pas à justifier l'invraisemblable institution. Une Cour suprême, dernière instance en matière de constitution-nalité tout en étant créature stricte du gouvernement central, dépourvue du prestige de la *Supreme Court* de Washington. Droit de désaveu par ce gouvernement des lois provinciales, heureusement en voie de désuétude depuis une quarantaine d'années mais qu'on se garderait bien d'abolir. A l'encontre d'une règle fédérative générale, ce ne sont pas les autorités centrales qui détiennent des compétences exclusives mais bien les provinces qui se voient ainsi limitées par cette exclusivité même, permettant au gouvernement central d'aller partout où il y trouve convenance au-delà même des "zones grises", grâce à son pouvoir illimité de dépenser dont il s'arroge copieusement.

Quand vos auditeurs objectent qu'il doit bien y avoir moyen d'améliorer quelque chose, on est bien obligé de dire que, sauf sur des points précis et par des procédés plutôt abracadabrants, la constitution n'est pas réformable, qu'elle n'est pas aux Canadiens ni au Canada, qu'elle est ailleurs qui voudrait bien s'en débarrasser, que nous n'avons pas encore trouvé moyen d'en prendre livraison, qu'il a fallu cent ans pour se donner un drapeau et un hymne nationaux, etc. Constitutionnellement, les

Canadiens ne sont pas un peuple fier.

C'était à l'origine un faux régime fédéral, unitaire, qui a pu évoluer vers des formes "quasi fédérales" selon le constitutionnaliste britannique Wheare. Mais il réussit de plus en plus mal sa *re-fédéralisation* en insécurité mutuelle de tous les mis en cause par les tentatives mêmes de souplesse et d'adaptabilité. Les efforts sincères et souvent efficaces pour *rationaliser* et *fonctionnaliser* la demeure commune ne font qu'atténuer son apparence de musée des horreurs. Avec les résultats que l'on sait depuis une quinzaine d'années...

Le Québec s'étant réveillé, tout cela est devenu plus voyant mais était déjà inscrit dans l'agencement des structures d'un tel régime. Ce n'est pas parce que "fédéral" que ce régime est mauvais, mais, parce que de mauvais fédéralisme, il est voué à engendrer ses propres maux en son caractère foncièrement intransformable. Il y a comme une psycho-rigidité des institutions déclassées qui ont fait leur temps.

Quand M. Trudeau défend le fédéralisme comme une essence pure, il est aussi simplet que le tenant effréné de l'indépendantisme présenté en beau rêve coloré. Ces deux *ismes* s'excluent comme des irréalités contradictoires. La vie commune se vivant est à concevoir et surtout à aménager en deçà de ces deux pures vies de l'esprit. La première hygiène mentale consiste à s'affranchir de cette logique binaire où le premier ministre enferme l'interlocuteur. Elle mène à une morale politique manichéiste par laquelle chacun brandit le "principe du mal" qui est celui de l'autre.

Il doit bien y avoir une troisième voie, moyenne, qui devra, tôt ou tard, se dégager. La question est de savoir si c'est dans la catastrophe, pour en sortir car elle sera insoutenable pour tous, qu'on va aménager un type de solution de dernier recours. Il y a des choses qui se prévoient. Il y a des affrontements évitables, à moins que l'on n'y tienne.

◆

Je dis tout de suite que je n'ai pas dans mes manchettes de solution-miracle. Il n'y en a pas. Je dis qu'il faut dès maintenant imaginer dans nos cabinets de travail et dans les colonnes des journaux, dans les officines de parti et dans les grands bureaux gouvernementaux à portes capitonnées, quelque chose d'autre que l'inévitabilité des heurts à venir. Cette recherche s'impose à deux niveaux: *dans le public* pour ceux qui n'engagent que leur responsabilité personnelle de citoyens responsables, *dans le secret* pour ceux qui sont chargés de notre destin collectif et n'ont pas à perdre la face trop tôt.

Aux gouvernements des deux capitales, je dis: au lieu de seulement préparer la Crise où nous allons la tête baissée, chacun arrangeant ses flûtes et réglant sur quel pied il dansera, faites plutôt comme si la Crise avait eu lieu et que vous vous employiez à en sortir.

Quelle serait l'approche alors? — Celle de tout être non déraisonnable et mû par un instinct non suicidaire en situation de conflit. Cette approche tiendrait en deux questions essentielles que chaque partie poserait à l'autre:

— Que voulez-vous, à la fin?
— Qu'acceptez-vous de ce que nous voulons?

Des deux réponses, données deux fois, émergerait un résidu non contradictoire, que vous pouvez imaginer. Tout le monde veut un "bonheur national brut", fait de la prospérité de tous et de l'identité suffisante de chacun en une chose politique distincte de la chose américaine au nord du 45e parallèle.

— Comment y arriver?

Devrait alors se mettre en oeuvre l'imagination libre et créatrice sans les entraves de la prudence habile — qui est de calcul — et de la tradition figée — qui est de conservation. L'imagination n'est jamais serve.

Partir de ce qu'il faudrait mettre en place pour organiser un futur prochain. Et non pas se contenter d'atténuer ce qui est déplaisant dans l'actuel en le modifiant le moins possible. Tourner le problème à l'envers pour une solution à l'endroit.

◆

C'est trop demander, je le sais. Mais mon propos n'est pas complètement vain. Tout au moins lorsqu'on y sera, en pleine crise, on aurait un pattern, un schéma, un modèle pour en sortir à moindre dommage. On n'est jamais en si bonne santé que lorsqu'on vient de triompher d'une maladie grave: on se rend compte alors du prix de la vie qu'il fallait gagner.

Il ne s'agit pas que d'un souci, qui pourrait paraître suspect, de concilier à tout prix des positions opposées. Mais j'avoue une préoccupation presque obsessive: on peut encore faire l'économie d'une Crise en investissant dans la Solution inévitable. La prospective n'a pas été inventée pour les animaux hibernants ou les oiseaux migrateurs.

Je suis de bon compte: pensez-y, Messieurs nos gouvernants, dans nos deux capitales; je ne vous demande pas de passer aux aveux pour les fautes passées; de dévoiler vos chers "plans d'attaque" ou de mouiller votre poudre; je vous demande d'y penser sérieusement *dans le secret*, alors que la pression n'est pas encore trop forte. Vous êtes transitoires et le régime, dont vous vous accommodez de moins en moins bien, n'est pas éternel. C'est un futur tout prochain, qu'il faut sauvegarder — et, avec lui, votre réputation d'hommes d'Etat.

◆

L'indépendance du Québec n'est pas irréversible au Canada; la contrepartie de cette première illusion est de croire que la constitution actuelle est récupérable, qu'elle peut être un brouillon pour une autre permettant un véritable nouveau départ. *Particulariser* encore un statut particulier, c'est continuer de passer à côté de la question. Le Québec ne s'en satisfera pas. C'est un point où M. Trudeau a raison: les "concessions" ne satisferont jamais M. Lévesque, encore moins qu'elles ne satisfaisaient Messieurs Bourassa, Bertrand, Johnson, Lesage. Une telle continuité aurait de quoi impressionner: elle vaut plus que les diagnostics sur le régime. C'est d'un réaménagement global sur de tout autres bases qu'il s'agit.

Les nouvelles bases devront rendre paritaires, strictement égaux, les rapports politiques qu'entretient une minorité n'acceptant plus de l'être dans la majorité englobante. Les Canadiens québécois expriment ou *parlent* leur politique par un Etat fédéré, un "demi-Etat", et un Etat central où ils sont minoritaires (et ils ne le voient jamais aussi clairement que lorsque le premier ministre est un des leurs). Les Canadiens anglais expriment ou *parlent* leur politique par un "demi-Etat" aussi, mais compensent par leur confortable majorité au niveau de l'Etat central où ils se retrouvent pleinement.

On ne récrit pas l'histoire avec des "Si": d'accord. Mais c'est maintenant, pour la première fois dans notre histoire commune, que certain passé qui aurait pu être est devenu une *sensibilisation très concrète de la situation actuelle*. C'est cela qui est changé, nouveau, vécu et sera de plus en plus vérifiable avec la montée de la jeune génération. Psychologues et biologistes nous disent qu'on est ce qu'on a été, et qui comprend les manques d'avoir été. Simplement réparer une erreur historique par un retour aux sources est hors du propos, qui est simplement d'enregistrer le fait brut que l'histoire est devenue autre. C'est s'obnubiler en redondant sur les mérites d'un fédéralisme qui n'a d'autre avenir que des possibilités de rafistolage indéfini.

Ce n'était pas d'un esprit banal que le défi de M. Trudeau, relevé à la façon d'un entêtement de destin, d'avoir voulu secouer des masses d'inertie pour rendre le Canada bilingue et multiculturel. C'est l'échec de ce pays-là, pas de son premier ministre dans cette *mise* qui avait de la grandeur. Le grotesque scandale de l'affaire des gens de l'air n'était pas nécessaire pour qu'on se rende compte que ce qui, en d'autres temps révolus, n'aurait pas été "trop peu" est maintenant "trop tard". Il faut trouver autre chose, et qui ait chance de réussite.

25

LE PROJET D'UN COMMONWEALTH CANADIEN

L'indépendance du Québec réussit, ou échoue, ou n'est pas essayée. La troisième hypothèse ne bonifierait pas le fédéralisme canadien: quelques parures de circonstances ajouteraient à l'ornementation de ce musée des horreurs. Si l'indépendance réussit, il faudra négocier une ré-association. Si elle échoue, il faudra procéder à une ré-intégration. Dans les trois hypothèses, comment pourrait être relancée la chose Canada?

◆

Au fil de la plume (textes 17 et 19), je lui ai déjà donné un nom: *Canadian Commonwealth — Communauté Canadienne*. L'appellation anglaise étant plus riche et déjà acceptée en français comme intraduisible en plénitude de sens, on pourrait dire plus brièvement, dans la belle tradition du bilinguisme équilibrant, *Canadian Commonwealth Canadien*. L'idée de société humaine s'y trouve, à laquelle s'ajoute celle d'une mise en commun de la richesse; l'une et l'autre idée se rejoignent dans une organisation politique d'ensemble.

Dans un pays de tradition politique britannique, le vocable ne détonne pas, n'a rien d'étrange: il a de la noblesse. Nous sommes déjà membre du *British Commonwealth* dont fait également partie le *Commonwealth* d'Australie. Toute l'histoire du Canada peut se résumer en une entreprise politique de mise en commun de deux sociétés coloniales du 18e siècle qui, sans s'être choisies, ont dû apprendre à coexister puis à recueillir des vagues d'immigrants pour peupler la vaste demeure commune.

Dans l'histoire des idées politiques, c'est un terme qui est vénérable depuis la *res publica* de Cicéron et les anciens philosophes britanniques (de Jean de Salisbury à Harrington), jonglant avec les idées qu'on allait appeler plus tard démocratie, solidarité, responsabilité, représentation. Il ne s'agit pas d'un terme dépaysant, artificiel ou purement conventionnel d'auteur. Enfin, ce n'est pas une impropriété comme la *Confédération*, qui est une fédération, ou une métaphore biblique comme le *Dominion of Canada*. J'arrête là l'énoncé de mes justificatifs. Le terme est surtout utile pour nommer cette CHOSE politique nouvelle, à inventer: Canadian COMMONWEALTH Canadien, ou, plus brièvement, le *Commonwealth*.

◆

Le Commonwealth nouveau serait fait de l'Association d'un Etat du Canada, fédéral et donc décentralisé, et d'un Etat du Québec, unitaire et donc centralisé. La langue officielle serait l'anglais dans le premier Etat, le français dans le second: au niveau du Commonwealth les deux langues seraient officielles et faisant loi également. Seul le Commonwealth aurait la pleine souveraineté au sens du droit international, avec service diplomatique, armée, douanes, monnaie, divers emblèmes pour la vie internationale. Toutes les relations avec l'extérieur seraient sous la responsabilité d'organes communs du Commonwealth.

Ces organes centraux seraient un Conseil directorial ou gouvernemental et une Diète communale, l'assemblée du Commonwealth: le premier serait de type gouvernemental, le second de type législatif. L'autorité suprême serait symbolisée par un président du Commonwealth, élu par la Diète sur proposition alternante de la Chambre des Communes de l'Etat du Canada et de l'Assemblée nationale de l'Etat du Québec. L'administration ou fonction publique du Commonwealth serait responsable de l'application des lois de la Diète et des arrêtés du Conseil. Une organisation de la magistrature serait responsable à son niveau supérieur des questions relatives à la constitutionnalité et à la protection des droits des minorités ethniques, linguistiques et religieuses dans les deux Etats du Canada et du Québec. Il n'y aurait pas de force policière du Commonwealth mais des organes de liaison des différentes polices des régions du Canada et de celle du Québec.

L'Etat du Canada comprendrait les neuf provinces avec leur organisation politique respective, regroupées ou non selon qu'elles en décideraient en quatre ou cinq régions naturelles, l'Ontario actuel en constituant une. Le gouvernement central de l'Etat du Canada abandonnerait les pouvoirs maintenant dévolus au Commonwealth, ainsi que les institutions correspondant à ces pouvoirs. Pour le reste (et sous la réserve d'un éventuel regroupement des provinces et du statut du Yukon et des Territoires du Nord-Ouest) il aurait les mêmes responsabilités que celles qu'il assume déjà. L'actuel Sénat serait aboli.

L'Etat du Québec garderait ses structures actuelles et n'aurait de lien institutionnel avec le Canada fédéral que par les organismes centraux et communs du Commonwealth. Aux termes de la charte d'association nouvelle, il jouirait de droits identiques à la somme des droits que se partageraient le gouvernement central et les gouvernements des provinces, gardant leur identité propre ou se regroupant en nouvelles entités pour certaines d'entre elles, selon qu'elles en auraient ainsi décidé en réaménagement de leur constitution interne. Aux termes de la charte d'association, l'Etat du Québec serait maître, également, de sa constitution interne.

La distribution des compétences se ferait selon le double principe suivant: 1) le Commonwealth détiendrait les *pouvoirs exclusifs ou réservés;* toutes les autres matières seraient du ressort de l'Etat du Canada (avec son gouvernement central et ses provinces fédérées) d'une part, et du ressort de l'Etat du Québec, unitaire, d'autre part; 2) l'octroi de ces pouvoirs serait déterminé selon la règle de *l'instance politique la plus apte* à exercer des responsabilités propres et à satisfaire aux besoins spécifiques des collectivités en cause.

Les organes communs du Commonwealth détermineraient la réglementation générale des politiques monétaire, douanière et fiscale, de concert avec la Banque du Commonwealth (ancienne banque du Canada) frappant la monnaie. Ils établiraient les politiques tarifaires et seraient responsables des perceptions douanières, mais n'imposeraient pas eux-mêmes de taxation sur le territoire du Commonwealth. Si les revenus douaniers étaient insuffisants pour assurer le financement des organes communs dans l'accomplissement de leur responsabilité, la charte d'association prévoirait une contribution de x pour cent des revenus fiscaux réguliers que s'assurent, dans le champ de leur compétence propre , l'Etat du Canada et l'Etat du Québec. La révision de la base de cette contribution se ferait à tous les trois ans.

Le commerce entre les deux Etats serait régi par des décisions des organes communs du Commonwealth; il en serait de même pour le commerce international. La planification économique et démographique (immigration) ne serait qu'indicative et incitative au niveau du Commonwealth. Dans la mesure où elle serait impérative et détaillée, ce sont les organes appropriés de l'Etat du Québec et de l'Etat du Canada qui auraient la responsabilité de l'adopter et de l'appliquer.

Les représentants à la Diète seraient élus sur une base régionale démographique dans les deux Etats avec un coefficient x de surreprésentation pour les collectivités faibles démographiquement (les petites provinces ou les territoires nordiques par rapport aux plus nombreuses dans l'Etat du Canada; l'Etat du Québec par rapport à l'Etat du Canada). Ainsi, pour ce dernier cas, on pourrait envisager que les députés représentant des circonscriptions de l'Etat du Québec constituent au moins 30 p. cent des membres de la Diète. La présidence de la Diète serait assumée alternativement par un membre venant de l'un ou l'autre des deux Etats. De façon générale, le Commonwealth aurait la responsabilité du maintien de l'équilibre démographique relatif entre les deux Etats du Canada et du Québec.

Le Conseil directorial serait l'émanation du jeu majoritaire des partis et coalitions à la Diète, selon le principe courant de la responsabilité ministérielle. Aucun des membres du Conseil, non plus qu'aucun groupement de députés à la Diète, ne détiendrait un veto ou pouvoir d'empêcher. C'est le jeu des majorités à la Diète qui déterminerait la composition et la présidence du Conseil. Serait désirable, toutefois, le principe de l'alternéité de provenance (de l'Etat du Canada ou de l'Etat du Québec) du président du Conseil directorial.

Ce qui précède n'est qu'un schéma très général, mais ce n'est pas un cadre vide. L'imagination de qui s'appliquerait à compléter le schéma animerait ce squelette d'une vie politique réelle et multiforme.

◆

Il importe de souligner avec insistance que ce projet part de ce qui est et, en laissant tomber beaucoup de choses, en transfère d'autres, une fois modifiées, à l'entité englobante du Commonwealth. La circulation des biens et des personnes serait aussi libre que dans le régime actuel. Il n'y aurait pas besoin de se livrer à des négociations pénibles sur les avoirs et les dettes, à changer le statut de citoyenneté, à recréer de tout nouveaux systèmes juridiques, à frapper de nouvelle monnaie, à créer d'union douanière, à établir des "corridors" à travers le Québec, etc. Les programmes communs serait d'*opting in* plutôt que d'*opting out*. La charte d'association déterminerait les attributions de compétences; le Commonwealth établirait un organisme approprié pour régler les conflits de juridiction qui surviendraient inévitablement.

Le vice du régime actuel est qu'il fonctionne tantôt et en certaines matières comme un système à dix, tantôt et en certaines autres matières comme un système unitaire. Or le Canada réel n'est ni dix, ni un; il est à cinq ou six régions naturelles, que recoupe une dualité culturelle ethnique fondamentale. La restructuration proposée vise à rendre compte de ces diversités réelles, nullement incompatibles, alors que les divisions actuelles d'un système unitaire, avec les dix sous-systèmes, en rendent mal compte, et, souvent, les exaspèrent.

Régions naturelles et ethnies culturelles auraient la chance de s'épanouir, après s'être retrouvées, sans gêne réciproque. La simple *particularisation* d'un statut spécial pour le Québec entraîne les autres provinces soit à s'y opposer, soit à en réclamer autant, même sans besoin pour elles en une espèce de recherche inutile et confuse de "péréquation" statutaire. Les conséquences n'en sont que trop claires autant sur le plan de l'unité nationale que sur celui de l'efficacité des politiques globales. Personne n'y gagne vraiment; tout le monde y perd quelque chose. Le seul revenu national garanti est celui de la mauvaise humeur.

Le Canada anglophone a besoin de plus de centralisation et d'homogénéisation de ses politiques fondamentales pour affirmer une personnalité plus nette et une résistance plus forte devant l'attraction difficilement résistible de l'américanisme culturel et du continentalisme économique. La grande majorité de sa population est à moins de cent milles de la frontière des Etats-Unis; les axes économiques sont plus naturels selon la direction sud-nord que selon la direction est-ouest. C'est la donnée majeure de l'espace nord-américain avec sa symbiose inégale. Le Québec, en toutes hypothèses, y est moins vulnérable que le Canada anglophone.

Pour consolider les réalités disparates de la chose canadienne, il faudrait, le moins mal possible, faire coïncider les structures politiques avec les liaisons naturelles de coordination désirable, faire tomber les liens qui freinent les initiatives ou entravent artificiellement les opérations nécessaires à plus grande échelle. Il n'y a aucune fatalité à ce que des sociétés juxtaposées se gênent dans leur développement.

La restructuration proposée ne prétend pas éliminer ou absorber par avance les oppositions nécessaires à toute vie démocratique. Elle vise plutôt à leur permettre de pouvoir mieux s'exprimer à l'intérieur des cadres organiques généraux prévus: au niveau des organes communs du

Commonwealth, à l'intérieur des structures à deux paliers du Canada fédéral et à celles du Québec unitaire. Pouvant mieux s'exprimer comme "oppositions", ces forces seraient également plus aptes à remplir les fonctions de gouvernement et d'administration selon le principe du contrôle démocratique des majorités changeantes.

Les provinces anglophones ne perdraient rien de ce qu'elles ont déjà. Elles ne seraient pas limitées dans leur développement par les desiderata, revendications ou refus de la province qui est la plus "pas comme les autres". Elles régleraient entre elles et leur gouvernement central le type de centralisation-décentralisation qui leur convient en telles ou telles espèces. Leurs tensions, ou même leurs conflits seraient dénués de la charge émotive que les positions culturelles du Québec entraînent souvent. Leurs dirigeants seraient libérés de l'inconfort d'agir en majorité qui impose, ou qui propose en devant faire de fâcheuses "concessions" dont le bien-fondé ne leur paraît pas évident.

Le Québec gagnerait la liberté de déterminer ses priorités, ses programmes, ses standards sans autres entraves que la nécessité du maintien de l'association pour l'utilité commune. Le fait fondamental de la dualité culturelle trouverait son expression dans les divisions territoriales, loin que ce soit celles-ci qui doivent la tolérer, avec ses aspects distinctifs, divisifs même.

Les indépendantistes québécois n'accepteront rien de moins que l'indépendance totale avec tous les attributs de la pleine souveraineté? — Sans doute pour bon nombre d'entre eux dont il faut respecter la ferveur nationaliste, car comme il a déjà été établi plus haut "rien ne vaut l'indépendance, etc." Ce n'est pas peu que d'avoir pignon sur la rue des Nations Unies, de voir flotter le fleurdelisé aux mâts de la Bienvenue internationale. Ce n'est pas peu, mais ce n'est pas tout; et ce n'est pas le principal — sauf pour ceux qui se distribueraient déjà les "beaux postes" à l'étranger de la diplomatie québécoise.

La québécité réelle a besoin de plus que de pouvoir compenser dans une symbolique de flonflons de la fête. La politique étrangère canadienne, après avoir connu ses heures de gloire sous Saint-Laurent et Pearson, bat plutôt de l'aile depuis une bonne dizaine d'années... Qu'on pense un moment à ce que serait la diplomatie d'un *Canadian Commonwealth Canadien* avec sa double ouverture sur le monde anglophone et francophone! Jusqu'à maintenant la biculturalisation de notre politique étrangère n'a été qu'un voeu pieux, un slogan creux et une demi-fraude avec des "fraudeurs" des deux côtés.

Un mot sur l'objection principale à ce type de réaménagement: il reproduit en gros la situation actuelle avec l'adjonction d'un étage supérieur: le Commonwealth. Il *recrée* plutôt la situation actuelle, mais il est exact qu'il part d'elle: comment partir autrement? Il en part, mais c'est pour la refaire. Les questions litigieuses, les éléments de disparités et de clivages sont traités au niveau où ils peuvent trouver considération préliminaire et esquisses de solution par lois-cadres, tout en libérant, aux niveaux inférieurs, les autorités compétentes des entraves leur interdisant d'agir "en attendant" ou à l'essai. D'ailleurs ce type de questions, mieux définies et plus circonstancielles, seront moins nombreuses et feront l'objet d'étude permanente. Elles n'émergeront plus avec la soudaineté de toujours nouvelles pommes de discorde pour alimenter l'actualité, dont les média d'information sont friands.

◆

Quel citoyen conscient et exigeant, et donc forcément inquiet, n'y va-t-il pas de ses reconstructions de régimes en crise? Les circonstances ne nous mènent-elles pas à faire de la *science* (politique) *fiction?* Autant le faire ingénuement pour mettre de l'ordre dans des pensées éparses et flottantes afin d'en rechercher les prolongements en cohérence. Si cette esquisse aidait à penser, elle n'aurait fait aucun autre mal. On a déjà dit que chez ceux qui consacrent une vie à l'étude de la politique il y a un Solon qui se réveille parfois.

En secouant ma somnolence, j'aurai au moins tenté de répondre à ceux qui me demandaient quelque explication sur ce projet d'un Commonwealth canadien. Il faut prendre avec toute une salière les "constitutions des professeurs". Je coupe court à d'autres précautions.

26

POURQUOI IL N'Y A PAS DE CONCLUSION (*)

Aussi bien le lecteur, qui furète dans sa librairie préférée, que le chercheur, qui doit maîtriser une vaste bibliographie, commencent par feuilleter les pages de *Conclusion*. En gros, qu'a voulu dire l'auteur qui va mériter une attention plus soutenue? A-t-il honoré l'intention de son *Avant-propos?* Quel concentré livre-t-il après le détail de la table des matières?

Conclure veut dire terminer mais après avoir mis ensemble. Une conclusion en notre matière devrait référer autant à ce qui arrivera qu'à ce qui vient de se produire. Est autant arbitraire le moment de l'écriture, qui arrête l'événement, que l'instant de la lecture et l'écart de temps entre les deux. Les événements n'arrêtent pas, "vont vite", comme on dit. On sent que le plus important est à venir. Attendue depuis longtemps, la grande explication entre le

---

(*) Le livre s'achève sans que l'auteur n'ait pu tenir compte d'événements comme l'offre d'éventuels pourparlers en matière constitutionnelle par M. Trudeau et la conférence de M. Lévesque à l'Economic Club de New York à la fin de janvier 1977.

pouvoir de Québec et le pouvoir d'Ottawa semble bien avoir été ajournée pour la dernière fois.

Nous vivons depuis la fin de 1976 ce que j'appellerais le syndrome politique de la grippe porcine. Tout le monde se prépare à quelque chose de vaguement menaçant, d'attendu mais qui n'aurait peut-être pas lieu. C'est le vaccin, mis au point pour la lutte contre l'éventuelle épidémie, qui semble plutôt menaçant dans l'immédiat. Sa production limitée en a restreint l'injection à la gente médicale et à la partie vulnérable de la population. Le vaccin comportant des contre-indications sérieuses, plus d'un a préféré les éviter de façon certaine que de se prémunir contre l'éventuelle épidémie. Et si le virus qui se fait attendre frappait avec la soudaineté du "mal du légionnaire"? Je laisse à l'imagination du lecteur de filer la métaphore épidémiologique sans lui suggérer de transpositions politiques à la situation actuelle...

◆

Ce qui est irréversible, ce n'est pas l'indépendance du Québec et l'écroulement du Canada fédéral, mais bien plutôt la persistance d'un malaise généralisé et croissant si quelque chose d'important n'est pas tenté sous peu. A la limite d'une telle situation il y a les risques de résurgence de terrorisme et d'appel à des modes de répression totalitaire. Personne ne souhaite le retour de ce dont nous avons déjà pu avoir l'avant-goût amer, il n'y a pas tellement de lunes.

L'inquiétude diffuse, de bouche à bouche, sans objet précis comme sans résolution pratique, est une forme de fatalité. D'autres histoires politiques, plus tourmentées que celle du Canada, en présentent combien d'exemples. Nous n'avons pas d'entraînement dans les "révolutions nationales". Les sociétés canadiennes ne sont pas prêtes à entrer dans une époque qui a déjà commencé à faire reculer "l'impensable" — et qu'il faut d'autant plus penser.

Tout cela est à l'heure actuelle assez entremêlé dans les consciences: le pensable, le désirable, le faisable. Le désirable de l'un est l'impensable de l'autre, ce qui relève du document humain; mais c'est le faisable qui lie pensable et désirable, ce qui relève de l'action collective. Quand on parle du faisable, l'interlocuteur ne suit pas toujours jusqu'au second degré où il s'accomplit: il y a le faisable de qui veut faire, mais aussi le faisable de qui ne veut pas laisser faire. Si l'on place sa recherche dans la zone que circonscrivent les deux branches du faisable on risque d'être un empêcheur de penser en rond. Il faut le prendre ce risque: parfois, même des partisans parmi les meilleurs des positions opposées du désirable en savent gré.

Quelque chose va se produire qui se situe quelque part entre l'actuel fédéralisme, malaisé, et l'hypothétique indépendantisme, aisé. Le faisable à double degré dont je parlais est entre les deux: c'est la seule chose certaine, mais encore vague, qu'on en puisse dire.

◆

J'ai voulu rendre pensable un faisable désirable. Je l'ai formalisé en la large esquisse d'un Commonwealth canadien. J'ai rêvé. Mais éveillé. J'ai voulu ce rêve comme référentiel d'une situation vivable et non comme exercice prémonitoire, voué au démenti.

L'adhérent attend des approbations; le partisan, des confirmations; le militant, des directives. Je n'ai pas cette prêche-là. J'ai proposé des analyses rapides, avec force critiques de tous côtés. J'ai voulu garder toute liberté au sein d'un engagement non moins total. La partisanerie est un engagement, mais tout engagement n'est pas partisan.

Cet inconfort m'est moins pénible que le confort unilatéral du militantisme. Je le dis d'autant mieux que je ne prescris pas aux autres ma façon de faire mon métier et que, surtout, je suis d'avis que ce sont les partisans qui font marcher le monde. Mais je reste encore convaincu qu' "ajouter un partisan de plus ne compense pas la perte d'un analyste-non partisan" (texte 8). Cette dernière espèce est beaucoup plus rare et peut-être pas inutile dans les circonstances actuelles.

◆

Je pense en terminant à nos gouvernants. En tout temps, c'est un métier impossible. Il faut pourtant quelqu'un pour le faire. Ils ont choisi de le faire: c'est notre première justification de les critiquer. C'est pendant une situation économique inquiétante qu'ils devront prendre des décisions proprement politiques et engageant des formes de destins collectifs. Cette seule pensée inciterait à une indulgence molle, mais qu'il faut s'interdire.

Deux des nôtres sont devenus face à face, à la tête de pouvoirs qui s'affirment comme contradictoires. Je transcris en finale les portraits que je faisais d'eux au printemps de 1968, soit peu de temps après que M. Trudeau fut élu comme premier ministre du Canada, et que M. Lévesque, en dissidence du parti libéral du Québec, eut fondé le mouvement Souveraineté-Association. Les circonstances suggèrent cette lecture en parallèle.

ANNEXE:

PORTRAITS DE
PIERRE ELLIOTT TRUDEAU
ET DE
RENÉ LÉVESQUE (*)

(*) Extraits de *Ne bougez plus!* (Portraits de 40 de nos politiciens), Editions du Jour, Montréal, 1968, pp. 15-23, 145-153.

PIERRE ELLIOTT TRUDEAU:

Au plan personnel le plus ahurissant des destins: il s'est trouvé à le faire par d'incessantes provocations contradictoires. Puis, la capricieuse et soudainement bénéfique Dame Chance l'a converti en Destin. Comme titre de film ou de roman, l'histoire pourrait s'intituler: *Comment devenir premier ministre en faisant tout pour ne jamais l'être.* Au plan de l'analyse politique, la plus spectaculaire mythologie de notre époque, tout à fait spontanée en son principe et ultra-accélérée dans son évolution. Au plan de la prévision, ce ne peut être qu'un succès éclatant, qui relancera la chose politique Canada, ou qu'un fiasco monumental qui en précipitera la fin.

Il avait tout pour jouer un rôle politique de premier plan. Il a tout fait pour n'être jamais en situation de pouvoir le jouer. Ce n'était pas décision volontaire ou masochisme subconscient, ni même classique goût du risque ou instinct fantasque du paradoxe à surmonter. C'était, chez lui, un état de *nécessité d'une nature,* non une exigence de rigueur intellectuelle ou morale pour un but à poursuivre.

Sa *nature?* Celle d'un individualiste forcené. C'est déjà rare. C'est encore plus rare dans le monde de ceux qui prétendent exercer une influence sociale ou politique. Mais cet individualiste forcené n'avait même pas la base conventionnelle qu'on retrouve chez tous les anti-conventionnels systématiques. A la recherche du *pour,* il engageait autant de passion que dans la démolition du *contre.* Aussi, ce rôle politique de premier plan ne pouvait être que *le* premier rôle, après un noviciat immédiat très court — l'apprentissage, en apparence à rebours, s'étalant sur vingt-cinq ans. Et c'est ce qui rend ce destin personnel proprement ahurissant.

Tout ce que, depuis vingt ans, il avait fait, dit ou

écrit, tout ce qu'il était du moins par ce qu'il paraissait être, était en contradiction, comme soigneusement planifiée, avec une carrière politique tout court. Mais voilà qu'à point nommé cette "mauvaise réputation" joue strictement à l'inverse, que se dessine un profil unique pour une situation inédite, prévisible mais inattendue. Toute une somme d'handicaps et de côtés négatifs composent tout à coup une personnalité à polyvalences, toutes positives. Il apparaît l'idéale préfabrication humaine pour diriger un Canada en crise (...)

L'homme a toujours vécu sa vie d'après l'exigence du tout ou rien. *Du tout:* non pas être simplement fidèle à soi-même, mais *se faire*, puis rester soi-même; *du rien*, ne pas plus se préoccuper des conséquences pour soi-même que de sa dernière chemise! Il a toujours eu toutes les espèces de moyens de se f... des conséquences? Si l'on veut; mais cet esprit de bravade n'excluait pas l'inquiétude, peut-être à certaines heures angoissante, que *tout cela* n'aboutisse pas à des oeuvres concrètes.

Une fois dans le parti, il n'a pas *changé*, comme député, secrétaire parlementaire, ministre. Il a simplement été en position de montrer qu'il pouvait être marquant ès qualités. Le parti, lui, a appris à le connaître par delà ses écrits passés et les signes extérieurs de sa *mauvaise réputation*. Il a surtout perçu que Trudeau était un oiseau rare, hors de toutes catégories, qu'on ne pouvait donc à son sujet invoquer les critères courants. Le parti comprit qu'il devait, qu'il pouvait s'ajuster à Trudeau. Qu'il y avait, là, un fort risque à courir et pour le parti et pour le pays. Que ce risque valait d'être couru, que, pour le mieux ou le pire, il serait plus excitant à assumer que celui des Conservateurs qui venaient de miser sur un *risque* plus sûr (Standfield). (...)

Bref, on lui reprochait d'être lui-même. Mais être globalement et à ce point si peu conforme, ce peut être aussi du *matériel* prémythologique. Personne ne s'en rendait compte au début. Dans un milieu qui le considérait comme l'hétérogénéité en personne, ce que Trudeau fit pour *se faire accepter* en se montrant utile, tout simplement, devenait une première amorce, involontaire de part en part, pour la prise de possession d'un parti. Il était en train de devenir ce type qui, si la première chance lui est accordée, doit tout rafler!

Il y fallait, en outre, beaucoup de chance, en fait, une cascade de chances. Mais ne faut-il pas plutôt évoquer cet assez extraordinaire rendez-vous d'une Chance, objective et créée par d'autres, avec un Destin personnel, porté confusément mais s'explicitant tout à coup? Cascade de chances ou Chance organisatrice d'un Destin que cette succession de faits qui auraient pu ne pas se produire? (...)

On reconstitue aujourd'hui l'enchaînement qui a la rigueur d'un scénario bien construit. Il fallait davantage: une extraordinaire qualité de *présence*, qui, sans le vouloir expressément, assume l'événement qui est fait d'une cascade d'occasions à saisir, et qui furent toutes saisies. Le reste de l'histoire, c'est-à-dire la course pour le leadership puis la campagne électorale, c'est en termes d'action planifiée, de manipulations d'opinions, de symbolique politique qu'il faudrait pouvoir la raconter. Nous avons tous été baignés par cette ambiance mythique, mythifiante. Le porteur du mythe dégageait une extraordinaire puissance affective tout en continuant à faire appel, de façon sèche et parfois grinçante, à de froides valeurs de rationalité.

C'est cela qu'il faudrait pouvoir expliquer. Confirmation éclatante des thèses fondamentales de Mc Luhan? Assez certainement. On aimait une *image*. Moins la façon dont elle se présentait, que sa manière de se laisser *approprier* — ce qui est plus que de l'assimilation. Le contenu, de froides valeurs de rationalité. Mais leur convoyeur, la chaleur humaine même: un sourire engageant, l'allant d'un champion sportif, et ce *something different* dans la plus conventionnelle des activités humaines, la politique. (...)

Bien avant la montée spectaculaire de Trudeau, l'historien Kenneth McNaught voyait une identification entre le destin politique du Canada et le sien propre. Trudeau est lui-même trop intelligent et autocritique pour ne pas voir ce qu'il y a d'accablant dans un pareil défi à relever, comme ce qu'il y a de factice et de transitoire dans un phénomène qui le dépasse et dans lequel il n'aura donné que les quelques "coups de pouce" opportuns. L'homme d'Etat reste à surgir de tout cela. Il en a l'étoffe et la formation. La pire injure qu'on pourrait lui faire serait de le mettre en garde contre la duperie de sa mythologie. Comme par un instinct de conservation, il a réduit à l'avance les attentes-*expectations* que son involontaire charisme suscitait. Et cela tourne maintenant en rond, comme en circuit fermé: parce qu'il n'a rien promis ou si peu, qu'il n'a affirmé qu'un nouvel état d'esprit pour aborder les problèmes, qu'il se proclame un pragmatique idéaliste, on ne voit guère en ces mises en garde, qui ressemblent à des objurgations, que la preuve qu'il n'est vraiment *pas comme les autres!* Se trouve ainsi alimenté le mécanisme à deux étapes, déjà décrit, sur l'incongruité du personnage en politique et sur la chance à lui donner pour la chance même du Canada.

Il reste que c'est sur les résultats de son action politique qu'il sera jugé. Trudeau est le prototype vivant, en une écorce d'homme, de la dualité culturelle canadienne. Ce fut sa force, *stratégique* et globale, jusqu'à maintenant. D'elle peuvent découler beaucoup de faiblesses, *tactiques* et partielles, sur le plan de l'appréciation des événements. Sans qu'il n'y ait contribué autrement qu'en faisant, pour son propre compte, l'harmonie équilibrée et féconde de sa culture double, il se trouve à être porteur de deux types d'attentes non mutuellement incompatibles mais partiellement contraires. Il a dit clairement au Québec qu'il n'aura de *spécial* dans la Confédération que le profit à tirer comme "province pas comme les autres", mais se comportant, statutairement, comme les autres. Non moins clairement aux Canadiens anglophones de ne pas voter pour lui s'ils s'attendent à le voir ramener le Québec à la raison en se montrant *intraitable.*

On n'est certes pas élu premier ministre du Canada pour présider à la liquidation de la Confédération, d'une part. Mais de l'autre, quand on est né Trudeau, à Montréal, et qu'on est représentant d'une circonscription québécoise, à l'heure où le Québec a des raisons objectives de se sentir gêné aux entournures dans l'ensemble canadien, on ne peut affronter ce problème que par la seule logique légaliste. D'ailleurs, on ne le lui a pas fait dire: "J'aurais été Canadien français d'adoption, si je ne l'avais déjà été de naissance". Il y a deux choses à distinguer: le type de réaménagement constitutionnel à trouver et à appliquer; la manière de contrer les prétentions estimées exhorbitantes du Québec. Il tient le gros bout du bâton pour l'opération fondamentale. Mais il devra ne pas sembler se servir d'un bâton pour défendre son terrain. Cela veut dire que le premier ministre du Canada ne peut employer le même langage que l'essayiste de *Cité libre* ou le *pannelliste* de Radio-Canada. Cela veut aussi dire qu'il faut avoir l'élégance de la force qu'on a. (...)

L'auteur du *Fédéralisme et la Société canadienne-française* était devenu passablement déphasé dans l'appréciation de l'évolution du Québec *post* 1960. A la charge d'émotivité parfois aveugle des courants nouveaux, il répondait par une contre-charge de rationalité pas plus perspicace. Or, la politique, comme toute vie qui va, ne se déroule pas aux deux extrêmes d'une émotivité s'exacerbant elle-même, ou d'une super-rationalité rarement ordinatrice des arrangements collectifs. (...)

Mais, pour présider aux réaménagements qui s'imposent désormais, la *logique* de l'essayiste d'hier devra

186

se transformer en une *dialectique* plus large de l'homme d'action, qui ne se contente plus de raisonner par l'absurde à partir de postulats univoques. Une *dialectique*, qui ne nierait pas un des contraires en une opposition caricaturale, mais qui les réintégrerait en synthèses elles-mêmes évolutives.

Et puis, il y a le *ton* et les formules à employer. On a souvent tort d'avoir *trop* raison. Il ne faut pas donner l'impression que ces problèmes vous "ennuient élégamment" (René Lévesque *dixit*). Quels changements à faire dans les législations et dans les consciences collectives des divers groupes anglophones du Canada pour que les Canadiens français se sentent *maîtres chez nous*, désormais extensibles à tout le Canada! En sa qualité de super-Canadien, Pierre Elliott Trudeau se trouve placé dans une unique circonstance historique pour faire crever, d'un côté comme de l'autre, toute une série d'ambiguïtés maintenant séculaires... La relance du Canada nouveau est à ce prix initial. C'est ce qui rendra ensuite les accommodements, inévitables, plus supportables de part et d'autre.

Pierre Elliott aimera toujours lancer des boules de neige à Sir Wilfrid ou à Staline. Il devra aussi apprendre à en recevoir avec la sérénité de la statue qu'on lui édifiera plus tard. Car le premier de nos premiers ministres nés en ce siècle est d'ores et déjà le premier héros du Canada contemporain. Par lui, toute une jeunesse canadienne s'est mise à s'intéresser à la politique — fût-ce pour le dénoncer comme le *villain* de l'histoire! Ce presque quinquagénaire établit d'emblée un rapport de contemporanéité entre une jeunesse piaffante et une destinée collective à reformuler. On aime son dilettantisme de qualité qui lui a permis de se forger une personnalité capable d'assumer un destin inouï. On le croit sur parole quand il dit: "Je m'amuse beaucoup en politique"... ou qu'il écrit: "Il ne faut pas chercher d'autre constante à ma pensée que celle de s'opposer aux idées reçues... et cela m'a conduit au pouvoir,

— sans que je le voulusse vraiment et surtout sans que je m'y attendisse". On aime dans son libéralisme sa propre liberté vécue: "Je n'ai jamais pu accepter de discipline, sauf celle que je m'imposais à moi-même, — et il fut un temps où je m'en imposais beaucoup". On aime ses boutades. "Je suis à gauche, mais pas plus loin". (...)

C'est enfin un *libéral*, qui veut faire l'économie des querelles non réglées du 19e siècle pour lancer le Canada dans le 21e siècle, alors que les nationalismes n'auront vraisemblablement plus la force propulsive historique qu'ils ont encore en notre siècle. (...)

Mais l'intermède décisif, c'est à lui, maintenant, de le composer et de le jouer.

RENÉ LÉVESQUE:

Il ne sait pas dans le détail ce qu'il veut, parce qu'*il cherche*. Mais ce qu'il veut de façon générale, nul plus que lui ne le veut de façon plus intense, passionnée, brouillonne et, au sens étymologique, *déroutante*. Il l'a dit cent fois, ou mille fois; s'il ne le dit pas cent mille fois, c'est qu'il aura enlevé le morceau auparavant:

> "Maintenant que les nouvelles générations nous apportent annuellement des compétences, il n'y a aucune raison qui puisse, qui doive empêcher le Québec de réaliser cette chose qui traîne dans les coulisses collectives depuis 200 ans et qui est d'avoir sa chance de faire sa carrière comme société."

D'autres avaient *trouvé* avant lui qui ne comprenaient pas qu'on cherchât si longtemps. Enfin, d'autres, de beaucoup les plus nombreux, ne se préoccupaient pas plus de chercher que de trouver: ils y allaient à l'intérieur d'une vague voie mitoyenne, également distante des chemins divergents que suivaient les deux clans de ceux qui avaient trouvé. Au milieu de ce beau monde aux confortables certitudes, ou plutôt à côté d'eux tous, il poursuivait une recherche douloureuse, avec éclaircies de sérénité, mais toujours en grande solitude. Il sera peut-être l'homme de la future réintégration, celui qui est déjà polarisateur et principe magnétique d'intégration de ces sous-sous-Américains de Québécois! Il aura suffisamment montré qu'il n'est pas celui qu'on intègre ou qui s'intègre, tout au plus celui qui s'annexe, un temps, pour un bout de route parallèle.

Un tel idéalisme joint à une si forte dose de pragmatisme font un mélange détonnant: en compressions et malaxages alternatifs, ça ne pouvait finir que par éclater!

Après la grande rupture d'octobre 1967, il confiait à un journaliste: "Je savais d'avance qu'il y aurait des concessions à faire. Ceux qui n'en font pas je leur en souhaite. Ils vont probablement finir avec toute leur pureté"; mais aussi: "J'ai l'impression de renouer avec quelque chose qui me permet de continuer".

Bâti comme ça, on n'est pas à l'aise dans sa propre peau, qui doit envelopper cette espèce de frémissement subconscient de tout un peuple dans son inconfort d'être Canadien français en Amérique du Nord. Tout au long de cette recherche laborieuse pour trouver à ce groupe un *espace-temps* qui ait du sens, Lévesque est devenu autre et plus que lui-même: il est, en s'efforçant de la contenir, cette population même en ses rares moments d'effervescence, entrecoupés de longs silences d'eaux endormies. Il n'est pas de la famille courante des *bêtes politiques:* "Je ne serai jamais un politicien" ou encore: "Si ce n'est pas politiquement habile, cela m'est incroyablement égal!" La *vedette* politique a prolongé la vedette de la télévision dans ce secteur du super-vedettariat où nichent quelques *monstres sacrés* que nous avons produits: entre Réal Caouette et... Pierre Elliott Trudeau! Mais Lévesque déclenche, lui, des réflexes collectifs d'identification, davantage à la façon de Gilles Vigneault que des deux autres, qui sont aussi des catégories à eux seuls.

En toute mythologie vivante, rien n'est moins aisé que de tenter de cerner la personnalité du porteur — j'allais dire: du *propriétaire* — du mythe. Il y a le phénomène du *dénivellement*, qui est presque entièrement rebelle à l'analyse. L'observation enregistre le phénomène mythologique, lui donne des dates, le mesure avec quelque approximation en étendue, mais est bien inapte à rendre compte, par d'artificielles décompositions, de ce qui peut ne se percevoir que comme un tout. Il est aussi certain qu'il y a un lévesquisme qu'existent, à des échelles différentes, un caouettisme et un trudeauisme. A-t-on assez remarqué que Lévesque, avant Caouette et Trudeau, fut un prototype de la communication humaine à l'ère électronique. Que le Canada anglophone n'a rien produit de semblable, en politique du moins, puisque les exemples qui viendraient à l'esprit auraient noms... Wayne and Shuster, Pierre Berton?

Si le destin de Pierre Elliott Trudeau est celui du Canada, le destin de René Lévesque avait déjà commencé d'être celui du Québec. Dans la mesure, qui est grande à l'heure actuelle, de la contradiction entre ces deux destins personnels, les deux destins collectifs, celui du Canada emboîtant jusqu'à maintenant celui du Québec, sont-ils à jamais mutuellement incompatibles? Trudeau n'accepte-t-il pas enfin une révision de la constitution tandis que Lévesque prône l'Association après la Souveraineté dans un nouveau pacte, celui-là vraiment *confédéral* et à inventer de toutes pièces? La politique n'existe-t-elle pas pour rétrécir de tels abîmes?

"Les risques calculés, je connais ça... Il y a eu quatre tournants dans ma vie, et chaque fois, ç'a été crucifiant, mais, par la suite, ç'a vraiment donné quelque chose..." Seulement, le quatrième tournant, avec tous les "risques calculés", n'engage pas que le destin personnel de René Lévesque comme les trois autres: c'est celui de tout un peuple en instance de se donner une nouvelle assiette historique. (...)

C'est *Point de Mire* à la télévision qui lui permet d'accéder au vedettariat. Mais d'emblée: il est prêt certes, puisqu'il tiendra trois ans; mais aussi quelle veine! Le soir de la première, c'est le dernier dimanche d'octobre 1956 après cette semaine sanglante du déclenchement des crises jumelles de Hongrie et de Suez. Un *rating* à 100 p. cent! Excellent reporter (don de la formule pour décrire les ambiances), piètre interviewer (questions trop longues et parfois insidieusement provocantes), il affirme maintenant des dons de génial vulgarisateur. Il est celui qui, de semaine en semaine, rend compréhensible à tous ce qui est malaisément intelligible aux spécialistes. Il sait expliquer. Expliquer avant que d'interpréter. Interpréter sans pouvoir conclure: rapport à la sacro-sainte *objectivité* de Radio-Canada. Mais les clés de la conclusion sont dans la position du problème — comme dans tout problème bien posé... Tout le monde y trouve son compte: intellectuels renseignés et spécialistes comme les *non-instruits* et les non-intéressés (jusque-là) de tout âge, de toutes classes. Phénomène assez inouï: sans préparation universitaire appropriée, rien qu'avec les services de la bibliothèque de McGill à côté, le *cerveau Lévesque* détecte et enregistre, à travers une masse d'informations incohérentes, les composantes essentielles, les paramètres et variables (sans, bien sûr, se servir de ce jargon dit *scientifique!*) de toutes espèces de crise.

Il travaille en artisan, avec la farouche indépendance du *lone wolf* qu'il est et sera sans doute toujours d'instinct. Davantage, il est lui-même un défi intégral aux règles du genre: pas de voix, *pas d'allure*, des tics à la pelle, fumant comme une locomotive s'enrageant de ne pas partir, des phrases *longues comme ça* et tressées d'invraisemblables associations d'idées, et, avec tout cela, réhabilitant la valeur pédagogique du bon vieux tableau noir! Mais tout le monde a compris... Ça ne s'est jamais vu et ne se verra probablement jamais en aucune télévision au monde. (...)

Dans l'intervalle, Duplessis meurt, puis c'est Sauvé; un nouveau Lesage prend la tête de la "cohorte libérale", selon le lieu commun des discours de fin de congrès. Des élections s'annoncent pour le printemps 1960. Lévesque ne se sent pas "prêt" intellectuellement, mais mûr psychologiquement pour le plongeon. Il est surtout sensible à l'argument d'urgence et peut-être d'occasion unique. C'est le programme de la F.L.Q. qui lui sert d'amorce et d'alibi. "S'il n'y avait pas eu d'engagement écrit, je ne me serais pas montré la face". En février 1960, il parle de ses projets à un ami, rencontré par hasard dans un restaurant. "Mûr psychologiquement", cet ami en est sûr; Lévesque ne cherche que des approbations à une décision déjà prise. S'en rendant compte, cet ami ne lui dit que les deux conditions essentielles pour ne pas rater l'opération: "Premièrement avoir la "couverture" financière pour ne pas dépendre des fonds du parti avant ou après l'élection, quel que soit son statut parlementaire; secondement, accepter par avance de devoir prendre la décision de rupture lui-même". Il remplissait déjà cette première condition; pour le mieux ou le pire, pour lui-même, ou le parti, il honora la seconde à l'été et à l'automne 1967.

Avant qu'il n'en vienne à durcir son *Option Québec*, René Lévesque se situait, toute question de personnalité mise à part, dans une catégorie unique à deux titres: 1° dans toute sa carrière de journaliste, ce rarissime internationaliste dans notre milieu avait *fait* dans l'extérieur ou le cosmopolitisme; 2° il fut le seul, et donc le premier, de sa famille idéologique à faire le grand bond dans un *vieux parti*, fait d'autant plus marquant que son allergie à ce sujet n'était pas moins épaisse que celle d'autres qui *sauteront* plus tard, ou s'abstiendront de le faire jusqu'à aujourd'hui.

Les sept années où Lévesque fut *libéral*, les six où il fut ministre et député ne se racontent pas, tant il en a mené large dans la *révolution tranquille* et lui a imprimé un style particulier. Plus que tous ceux qui l'ont animée, il en a ponctué les étapes par des prises de position d'habitude pittoresques, comme il en fut aussi le symbole parfois déchiré de ses contradictions latentes ou éclatantes. On pourrait de ses déclarations pétaradantes faire autant de titres de chapitre de l'histoire de ces brèves années de mouvement. Il ne fut pas le seul à faire la *révolution tranquille*, mais il fut le plus voyant et peut-être le plus efficace convoyeur de ses idées et de ses réalisations. "Ma génération a sacré pendant quinze ans sous Duplessis. Cette maudite génération passait sans qu'on ait aucune prise sur la vie publique au Canada... Je suis maintenant à la place où ça se décide, quand ça se décide".

Avant de briser avec son parti à la suite d'une longue et mutuelle *tolerance*, sa rupture avec la chose politique *Canada* était presque avouée. Dès 1963, à la télévision torontoise, il avait déclaré: "*I am a Quebecer first, a French Canadian second... and I really have... well, no sense at all of being a Canadian*". "On a vraiment l'air fin avec nos rois nègres, écrivait-il dans un article de *Cité libre* (mai 1960). Je me demande si on ne pourrait pas emprunter aux Arabes un de leurs sultans ou même de leurs colonels." Six ans plus tard, il servira un sévère avertissement aux industriels et hommes d'affaires anglophones du Québec qui "feraient bien de se départir au plus tôt de leur état d'esprit rhodésien pendant qu'il en est encore temps". Jusqu'à l'élection de juin 1966, il combat "une minorité à la science infuse", qui croit que l'indépendance est "réalisable pour le Québec d'aujourd'hui... Nous connaissons les dossiers". Il avait dénoncé toute forme de violence terroriste: "C'est du romantisme anarchique et anarchisant de jeunes qui ont mal digéré les lectures sur l'Algérie, Cuba et toute la décolonisation depuis vingt ans". L'histoire éclairera plus tard comment, après qu'il se fut rendu insupportable pour son parti, le duumvirat Lesage-Kierans a *exécuté* Lévesque prestement et avec moins d'élégance que le courage digne qu'il montra à livrer une dernière bataille perdue d'avance. (...)

René Lévesque s'emploie maintenant à "tirer le Québec d'un vieux lit double qui craque". L'unique règle du jeu, il l'avait déjà établie. "Lorsqu'on est petit dans un monde de gros, il n'y a pas d'objectifs irréalisables pourvu qu'on soit capable de calculer deux fois mieux que le gros". Le mouvement Souveraineté-Association reflète encore l'antinomie entre une indépendance éminemment souhaitable, mais non pratiquement faisable, ce qui ne facilite pas la jonction avec les séparatistes inconditionnels qui ne "connaissent pas les dossiers", ou qui ne veulent surtout pas reconnaître l'importance des dossiers. (...)

Avec Robespierre, il n'a de commun que la rare incorruptibilité. A son sujet, on préférerait invoquer plutôt la pureté et la ferveur d'un Camille Desmoulins ou d'un Saint-Just.

TABLE DES MATIÈRES

3

ACCÉLÉRATION OU DÉCÉLÉRATION?

Achevé d'imprimer
en février mil neuf cent soixante-dix-sept
sur les presses de l'Imprimerie Gagné Ltée
Saint-Justin - Montréal.
Imprimé au Canada